Roland Willms/Yann Heeser
Spiele entwickeln für iOs und Android mit Cocos2D

D1666242

Roland Willms/Yann Heeser

Spiele entwickeln für iOS und Android mit Cocos2D

Bibliografische Information der Deutschen Bibliothek

Die Deutsche Bibliothek verzeichnet diese Publikation in der Deutschen Nationalbibliografie;
detaillierte Daten sind im Internet über http://dnb.ddb.de abrufbar.

© 2012 Franzis Verlag GmbH, 85540 Haar bei München

Lektorat: Anton Schmid
Satz: DTP-Satz A. Kugge, München
art & design: www.ideehoch2.de
Druck: C.H. Beck, Nördlingen
Printed in Germany

ISBN 978-3-645-60156-6

Vorwort

Cocos2D und Cocos2D-X

Cocos2D für iPhone ist ein Framework mit der Adresse

http://www.cocos2d-iphone.org/

Es dient zur Programmierung von 2-D-Spielen, ist aber auch für andere grafische und interaktive Applikationen nützlich. Es basiert auf dem Cocos2D-Design mit der Adresse

http://www.cocos2d.org/

und benutzt die gleichen Konzepte, ist aber in der Programmiersprache Objective C geschrieben. Neben den iOS-Geräten iPod, iPhone und iPad unterstützt Cocos2D für iPhone auch das Betriebssystem OS X.

Bild 0.1: Das Logo von Cocos2D

Cocos2D-X mit der Adresse

http://www.cocos2d-x.org/

ist eine Portierung von Cocos2D für iPhone in der Programmiersprache C++, um weitere Plattformen zu erschließen. Hierzu gehören mobile Systeme, zum Beispiel Android und Windows Phone, sowie Desktopsysteme, zum Beispiel Linux und Windows.

Bild 0.2: Das Logo von Cocos2D-X

Klassenspektrum von Cocos2D

Cocos2D ist einfach zu verwenden, integriert Praktiken von OpenGL ES unter iOS und Open GL unter OS X zur Optimierung der Schnelligkeit, hat eine aktive Benutzergruppe mit Forum, ist Open Source und kostenlos für eigene Spiele einsetzbar. Mehrere Tausend Spiele verwenden bereits das Cocos2D-API, darunter auch viele Bestseller.

Eine Liste verfügbarer Spiele finden Sie im Internet unter der Adresse:

http://www.cocos2d-iphone.org/games/

Cocos2D bietet zahlreiche Klassen für verschiedene Zwecke an: Szenenmanagement, Übergänge zwischen Szenen, Sprites, Effekte, Aktionen, Menüs, Schaltflächen, integrierte physikalische Engines, Teilchensysteme, Textunterstützung, Textur Atlas und Tile Maps, Soundmaschine, punktebasiertes Koordinatensystem zur Nutzung unterschiedlich großer Bildschirme einschließlich Retina-Bildschirme, Eingabe per Finger unter iOS und Tastatur unter OS X, Beschleunigungssensor, Hoch- und Querformat unter iOS, integrierte Pausen- und Fortsetzungsfunktion.

Am Beispiel des Projekts *Euro Crisis* beschreibt dieses Buch schrittweise die Entwicklung eines Spiels von einzelnen Elementen bis hin zum fertigen Programm. Hierbei kommen die wichtigsten Klassen von Cocos2D zum Einsatz.

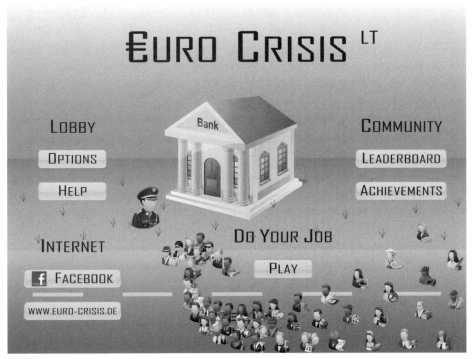

Bild 0.3: Das Startmenü von Euro Crisis

Kapitel 1 befasst sich mit der Installation der nötigen Software für Cocos2D und Cocos2D-X, dem Start des ersten Programms und dem Überspielen der fertigen Software in die Stores. In Kapitel 2 erfahren Sie einige Grundlagen zum Spieldesign anhand konkreter Beispiele, um die Entwicklung eigener Ideen anzuregen. Von Kapitel 3 bis Kapitel 8 geht es um einzelne Elemente in Spielen: Bilder, Aktionen, Ereignisse, Sound, Beschriftungen und Teilchensysteme. In Kapitel 9 bekommen Sie einen Einblick in die innere Gestaltung von Spielleveln und die Koordination unterschiedlicher Stränge.

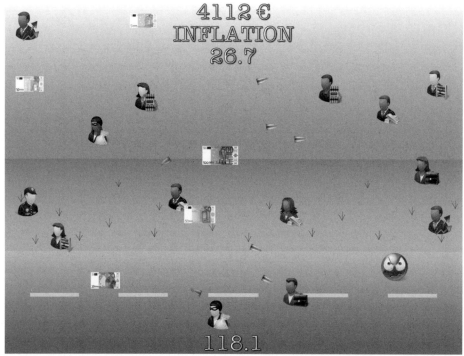

Bild 0.4: Koordination verschiedener Spielereignisse

Kapitel 10 und 11 behandeln den Rahmen um eine Spielhandlung. Hierzu gehören Szenen und Übergänge sowie Menüs und Schaltflächen zur Steuerung. In Kapitel 12 lernen Sie, wie einfach es ist, Spielereignisse und Bestenlisten lokal zu verwalten und auch global verfügbare Boards wie zum Beispiel das Game Center von Apple zu nutzen.

Objective C und C++

Obwohl Cocos2D-X nicht in der hauseigenen Sprache Objective C von Apple geschrieben ist, sind Vorbereitungen getroffen worden, dass die Programme auch unter iOS laufen. Daher müsste man eigentlich nur C++ beherrschen, um alle Plattformen mit Apps bedienen zu können.

Cocos2D für iPhone ist sehr früh auf den Markt gekommen, sodass Sie im Internet auf Websites und in Diskussionsforen meistens Quellcode in Objective C finden. Als das Framework immer häufiger in erfolgreichen Spielen eingesetzt wurde, begannen einige Entwickler damit, die Klassen auch in andere Sprachen zu portieren. Dies ist nicht einfach, weil jede Plattform spezifische Eigenschaften hat und die jeweilige grafische Umgebung berücksichtigt werden muss. So gab es für Android zunächst einen Port in Java und für Windows Phone einen Port in C#. Weil sich alle Plattformen jedoch technisch weiterentwickeln, blieb unklar, ob diese Ports in einigen Jahren noch laufen.

Mit der Übernahme der Entwickler von Cocos2D für iPhone in die Spielefirma Zynga ist sichergestellt, dass das Framework weiterhin gepflegt und an den neuesten Stand der Technik angepasst wird. Cocos2D-X ist mittlerweile relativ breit aufgestellt und wird sehr zeitnah nach Updates von Cococs2D für iPhone angepasst, sodass Sie davon ausgehen können, dass es in einigen Jahren noch laufen wird.

In diesem Buch finden Sie den Quellcode stets in zwei Varianten: zunächst in einer kommentierten Form in Objective C und immer direkt im Anschluss in unkommentierter Form in C++. So ist sichergestellt, dass Sie später beim Herumsuchen im Internet flexibel sind und Code in Objective C und C++ parallel verstehen.

Support

Das Spiel *Euro Crisis* als Programmierprojekt in diesem Buch und die Variante *Dollar Crisis* finden Sie in den Stores der jeweiligen Systeme.

Die Dateien für die Projekte in den einzelnen Kapiteln gibt es im Internet auf der Franzis-Seite:

http://www.buch.cd/

Hier finden Sie eine Anleitung, wie Sie mithilfe der ISBN dieses Buchs den Quellcode der Programme einschließlich der zugehörigen Ressourcen der Projekte erhalten.

Aus lizenz- und urheberrechtlichen Gründen sind die originalen Medien des Spiels wie zum Beispiel Icons, Bilder und Sounds in den angebotenen Dateien besonders gekennzeichnet oder ersetzt. Die mitgelieferten Medien dienen nur als Anschauungsmaterial im Rahmen dieses Buchs und dürfen nicht in eigenen Spielen verwendet werden. Im Internet stehen Ihnen zahlreiche Websites zur Verfügung, die Millionen Bilder und Sounds zur Lizenzierung für kommerzielle Zwecke anbieten und die Urheber entsprechend vergüten.

Für Diskussionen rund um das gesamte Klassenspektrum von Cocos2D gibt es das Forum mit der Adresse:

http://www.cocos2d-iphone.org/forum/

Es ist sehr gut besucht, sodass Benutzer rasch Antworten auf alltägliche Probleme bekommen. Mithilfe des Suchsystems können Sie leicht nachsehen, ob es bereits Antworten auf bestimmte Fragen oder Abhilfe bei aufgetauchten Fehlern rund um Cocos2D gibt.

Wir wünschen Ihnen viel Spaß beim Lesen des Buchs und der Programmierung Ihrer ersten Cocos2D-Apps sowie viel Erfolg bei der Vermarktung Ihrer Apps in den Stores.

Krefeld, im September 2012

Roland Willms   Yann Heeser

http://www.cocos2d.de/   *http://www.cocos2dx.de/*

Inhaltsverzeichnis

1 Hello Cocos2D

In diesem Kapitel behandeln wir:

- die Installation von Xcode und Cocos2D zur Programmierung einer App für iOS und OS X
- die Einrichtung einer App bei iTunes Connect mit den nötigen Informationen für den App Store
- das Anlegen eines Projekts für eine App in Xcode
- die Einstellung produktbezogener Angaben und die Integration eigener Icons und Startbilder in Xcode
- die Ausführung einer App in Simulatoren und auf angeschlossenen Geräten
- das Hochladen einer App in den App Store zur Verifizierung
- die Installation von Eclipse, dem Android SDK mit NDK und Cocos2D-X zur Programmierung einer App für Android
- das Erstellen eines Android-Projekts mit anschließendem Importieren in Eclipse
- das Hinzufügen eines eigenen Hintergrundbildes und die Integration eigener Icons
- die Ausführung einer App im Android-Simulator und auf Android-Geräten
- das Hochladen einer App in verschiedene Stores

1.1 Xcode und Cocos2D installieren

Zur Entwicklung von Apps unter iOS und OS X mithilfe von Cocos2D benötigen Sie die Entwicklungsumgebung Xcode von Apple und das Cocos2D-Framework.

1.1.1 Xcode installieren

Xcode ist eine Software von Apple zur Entwicklung von Programmen für die Betriebssysteme iOS (iPod, iPhone, iPad) und OS X (iMac, MacBook).

Starten Sie den App Store, suchen Sie nach »xcode« und installieren Sie die Software.

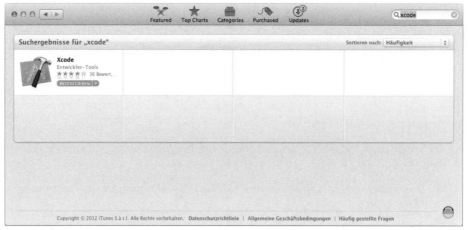

Bild 1.1: Xcode im App Store

Spätere Updates von Xcode können Sie jederzeit wieder über den App Store installieren.

Bild 1.2: Updates im App Store

1.1.2 Cocos2D installieren

Besuchen Sie die Homepage von Cocos2D:

http://www.cocos2d-iphone.org/

Am 09.07.2012 ist nach mehr als einjähriger Entwicklung die Version 2.0 des Frameworks zur Entwicklung von 2-D-Spielen erschienen.

Im Download-Bereich finden Sie das komprimierte Archiv

cocos2d-iphone-2.0.tar.gz

mit der Cocos2D-Software. Es enthält einen Ordner mit den Dateien von Cocos2D. Kopieren Sie ihn auf den Desktop des Macs, und geben Sie ihm zur Vereinfachung den Namen:

cocos2d

Der Ordner enthält das Installationsskript:

install-templates.sh

Starten Sie *Finder/Programme/Dienstprogramme/Terminal* und geben Sie den Befehl

```
cd desktop/cocos2d
```

zum Wechseln in den Ordner cocos2d auf dem Desktop und den Befehl

```
./install-templates.sh -f
```

zum Installieren des Cocos2D-Frameworks ein.

```
⊝ ○ ○              🗁 cocos2d — bash — 80×19                        ↗
Rolands-iMac:~ rolandwillms$ cd desktop/cocos2d
Rolands-iMac:cocos2d rolandwillms$ ./install-templates.sh -f
cocos2d-iphone template installer


Installing Xcode 4 cocos2d iOS template
---------------------------------------------------

removing old libraries: /Users/rolandwillms/Library/Developer/Xcode/Templates/co
cos2d v2.x/
...creating destination directory: /Users/rolandwillms/Library/Developer/Xcode/T
emplates/cocos2d v2.x/
...copying cocos2d files
...copying CocosDenshion files
...copying CocosDenshionExtras files
...copying Kazmath files
...copying template files
done!
```

Bild 1.3: Installationsskript von Cocos2D

Das Skript kopiert die Dateien von Cocos2D in die Ordner

Library/Developer/Xcode/Templates/cocos2d v2.x

und

Library/Developer/Xcode/Templates/File Templates/cocos2d v2.x

1.2   Eine App für iOS erstellen

Auf der Homepage

https://developer.apple.com/

finden Sie Informationen von Apple zum iOS Developer Program (iPod, iPhone und iPad) und Mac Developer Program (iMac, MacBook).

Sie müssen Mitglied bei einem solchen Programm sein, um die entwickelten Apps auf realen Geräten testen und anschließend in den App Store hochladen zu können. Ohne eine solche Mitgliedschaft ist es nur möglich, Apps in den Simulatoren zu testen.

Im iOS Provisioning Portal finden Sie eine ausführliche Anleitung zur Installation eines iOS Development Certificate. Xcode benötigt ein solches Zertifikat, um den Test auf Geräten und das Hochladen in den App Store zu ermöglichen.

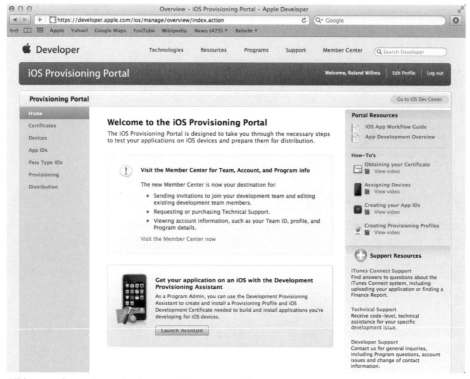

Bild 1.4: Informationen im iOS Provisioning Portal

Im Folgenden wird angenommen, dass Sie eine Mitgliedschaft besitzen und das Zertifikat zur Entwicklung von iOS Apps in Xcode installiert haben.

1.2.1   Eine App bei iTunes Connect einrichten

Loggen Sie sich bei iTunes Connect auf der Homepage

https://itunesconnect.apple.com/

ein. In Ihrem persönlichen Bereich finden Sie wichtige Links zu unterschiedlichen Themen.

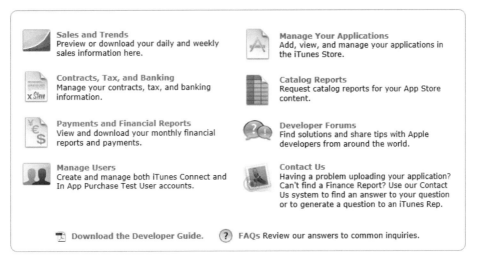

Bild 1.5: Wichtige Links in iTunes Connect

Sie sollten sich den angebotenen Developer Guide unbedingt herunterladen. Er enthält alle Informationen zu den Verträgen, zur Einrichtung, zum Hochladen und zur Verwaltung von Apps, zum Nachkaufen von Dingen mithilfe von In-App Purchases, zur Einrichtung des Game Centers, zur Verwaltung von Benutzerdaten in der iCloud und zur Werbung mithilfe des iAd-Netzwerks.

Um eine App einzurichten, folgen Sie dem Link *Manage your Applications*. Auf der nächsten Seite nutzen Sie die Schaltfläche *Add New App* und wählen auf der nächsten Seite den Typ *iOS App* aus.

Alle Angaben, die auf den folgenden Seiten gemacht werden, lassen sich später noch ändern, bis auf den App-Namen und die SKU-Nummer. Zunächst können Sie die Angaben grob eintragen. Bevor die App in den App Store hochgeladen wird, sollten aber alle Angaben vollständig ergänzt sein.

Auf der nächsten Seite geben Sie eine Sprache, einen App-Namen, eine SKU-Nummer und eine Bundle ID an. Der App-Name bleibt 180 Tage lang reserviert. Wenn nach dem Ablauf keine App hochgeladen ist, wird der Name für immer für den Account gesperrt und danach für andere Accounts freigegeben. Um den Namen zu schützen, können Sie einen Dummy als App hochladen und anschließend sofort wieder löschen.

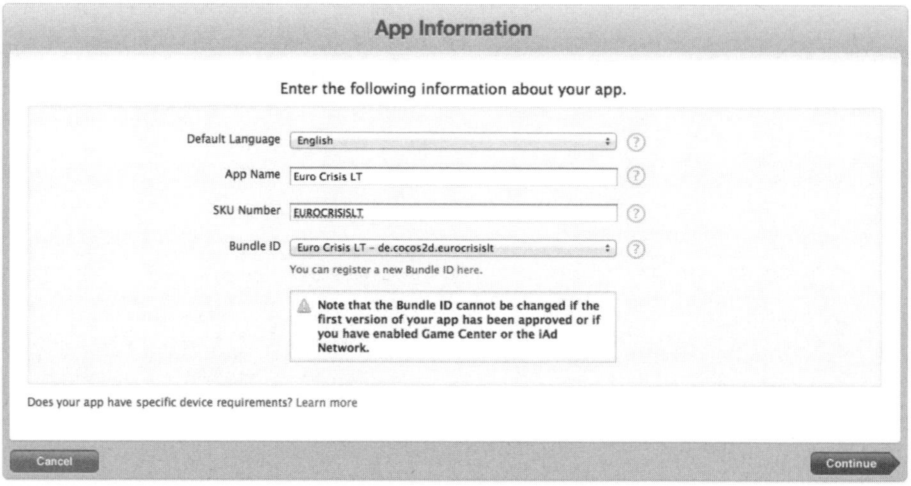

Bild 1.6: App Informationen

Die Bundle ID müssen Sie vorher in Ihrem Developer-Account angelegt haben. Wenn Sie auf den Link *here* klicken, gelangen Sie automatisch an die richtige Stelle und können dies nachholen.

Mithilfe der Bundle ID wird die App später weltweit identifiziert. Sie ist außerordentlich wichtig und sollte den allgemeinen Aufbau

```
<website>.<name>
```

haben, damit sie weltweit eindeutig ist.

Auf der nächsten Seite geben Sie das Verfügbarkeitsdatum an, ab dem die App im Store sichtbar sein soll, und stellen den gewünschten Preis ein.

Bild 1.7: Verfügbarkeitsdatum und Preis

Auf der nächsten Seite geben Sie noch einige Dinge an, zum Beispiel die Versionsnummer, die Beschreibung im Store und die Altersbeschränkung. Auch Icons und Screenshots werden hochgeladen, vorerst am besten weiße Bilder.

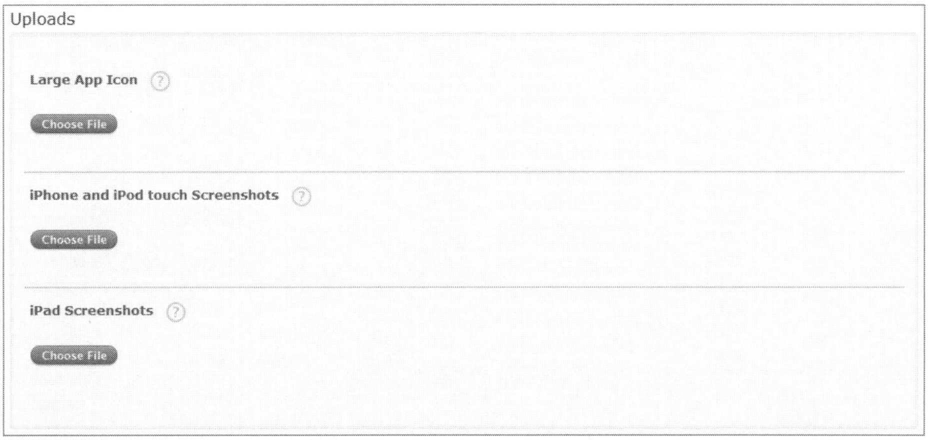

Uploads

Large App Icon ⑦

Choose File

iPhone and iPod touch Screenshots ⑦

Choose File

iPad Screenshots ⑦

Choose File

Bild 1.8: Icons und Screenshots

Die folgende Tabelle zeigt die Größen der einzelnen Bilder.

Bildtyp	Größe
Large App Icon	512 x 512 oder 1024 x 1024 (Retina)
iPhone / iPod Screenshots	960 x 640 oder 640 x 960 (Hoch- oder Querformat, beides Retina)
iPad Screenshots	1024 x 768, 768 x 1024 (Hoch- oder Querformat) oder 2048 x 1536, 1536 x 2048 (Hoch- oder Querformat, beides Retina)

Es empfiehlt sich, grundsätzlich nur noch Retina-Screenshots hochzuladen, um den perfekten Look auf den zugehörigen Displays zu bekommen. Andernfalls sehen die Informationen im Store auf den zunehmenden Retina-Geräten in einigen Jahren automatisch veraltet aus.

Nach der Bestätigung aller Angaben ist die App in iTunes Connect eingerichtet. Sie befindet sich nun im Status *Prepare for Upload*.

Bild 1.9: Informationen zur App in iTunes Connect

1.2.2 Eine App in Xcode anlegen

Starten Sie *Finder/Programme/Xcode* und rufen Sie das Menü *File/New/Project* auf. Unter iOS und Mac OS X befindet sich jeweils ein Eintrag *cocos2d v2.x* für das Cocos2D-Framework. Wenn Sie diesen Eintrag bei iOS auswählen, erscheinen drei Templates.

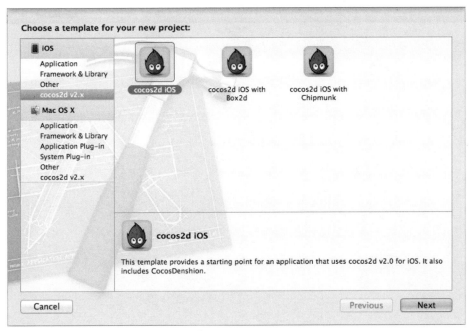

Bild 1.10: Auswahl von Cocos2D-Templates

Box2D und Chipmunk sind zwei sehr erfolgreiche Sets zur Entwicklung von Spielen, die mit physikalischen Eigenschaften wie zum Beispiel Schwerkraft und Mehrteilchensystemen arbeiten. Die Beschreibung dieser Sets ist im Rahmen dieses einführenden Buchs in Cocos2D nicht möglich.

Wenn Sie das erste Template *cocos2d iOS* auswählen, erscheint ein Dialog mit einigen Fragen.

Am wichtigsten ist die Angabe bei *Product Name*. Beachten Sie, dass dieser als Ordner- und Dateiname des Projekts verwendet wird. Insofern sollten Sie auf Leerzeichen und Umlaute verzichten. Im Screenshot ist *eurocrisisIt* angegeben.

Bei *Company Identifier* sollte eine Website in umgekehrter Reihenfolge, also z. B. mit vorangestelltem *.de.* stehen, die auch tatsächlich registriert ist, um weltweite Überschneidungen zu vermeiden.

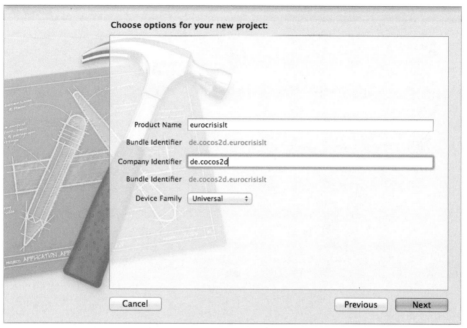

Bild 1.11: Dialog bei Auswahl von *cocos2d OS*

Der *Bundle Identifier* entsteht zwar automatisch aus dem Produktnamen und dem Firmennamen, kann aber später geändert werden.

Bei *Device Family* stellen Sie ein, ob die App unter iPod/iPhone oder iPad oder bei Universal sogar unter beiden Geräten gleichzeitig laufen soll. Viele Firmen produzieren bei einem Spiel mittlerweile eine LT-Version (Lite-Version) zum Testen auf iPod/iPhone/iPad, eine Version für iPod/iPhone und eine HD-Version (High Density) für iPad. In der Namensgebung wird dies deutlich, zum Beispiel *Euro Crisis LT*, *Euro Crisis* und *Euro Crisis HD*.

Nach der Bestätigung der Angaben werden Sie noch nach einem Speicherort für das Projekt gefragt. Anschließend erscheint ein fertig programmiertes Standardprogramm in Xcode mit eingebettetem Cocos2D-Framework. In diesem Quellcode müssen Sie nun an einigen Stellen Änderungen vornehmen.

1.2.3   Produktbezogene Angaben ändern

Xcode ist eine Entwicklungsumgebung mit sehr vielen Bereichen. Im Folgenden sind nur bestimmte Ausschnitte als Screenshots abgedruckt, um die Übersicht nicht zu verlieren.

Im Bereich *Summary* geben Sie die Bundle ID an, die in iTunes Connect eingerichtet wurde. Bei *Deployment Target* ist die iOS-Version eingestellt, ab der die App laufen soll.

Zum Beispiel ist die Version 5.0 notwendig, um Funktionen des Game Center und der iCloud nutzen zu können.

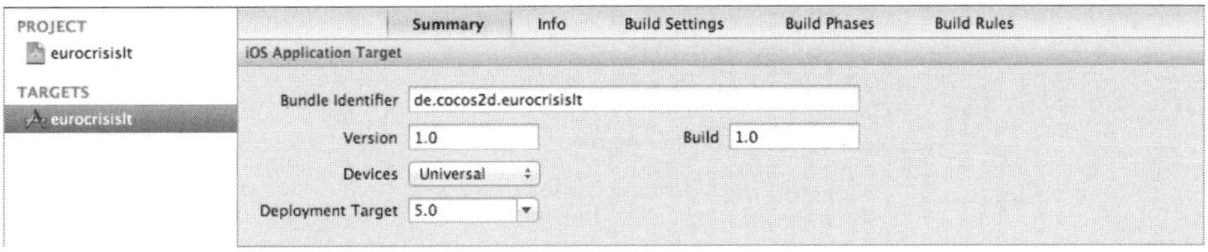

Bild 1.12: Angabe der iOS-Version

Um möglichst viele Geräte im App Store anzusprechen, sollte eine möglichst niedrige iOS-Version angegeben sein. Programmierer sollten immer den Nutzen neu eingeführter Funktionen in aktuellen iOS-Versionen für ihre App gegen den Verbreitungsgrad der Geräte abwägen.

Im Bereich *Info* stehen Variablen mit zugeordneten Werten. Hier sollten *Bundle name*, *Bundle Identifier* und *Bundle display name* für die Anzeige auf dem Display der Geräte richtig angegeben sein.

Bild 1.13: Weitere Einstellungen

Bei *Icon already includes gloss effects* sollte *YES* stehen, um zu verhindern, dass das Icon von iOS einen dreidimensionalen Touch durch einen milchigen Überzug bekommt. Das Icon erscheint nun lediglich mit abgerundeten Ecken auf dem Display.

Der Statusbalken mit Angaben wie Uhrzeit und Batterieanzeige stört in Spielen. Daher sollte bei *Status bar is initially hidden* der Wert *YES* stehen.

1.2.4 Icons in eine App integrieren

Eine App für iOS benötigt acht Icons.

Dateiname	Bedeutung / Größe / Gerät
Icon.png	App-Icon in der Größe 57 x 57 Pixel für iPod und iPhone
Icon@2x.png	App-Icon in der Größe 114 x 114 Pixel für iPod und iPhone (Retina-Version)
Icon-72.png	App-Icon in der Größe 72 x 72 Pixel für iPad

Dateiname	Bedeutung / Größe / Gerät
Icon-72@2x.png	App-Icon in der Größe 144 x 144 Pixel für iPad (Retina-Version)
Icon-Small.png	Icon für Suchergebnisse in der Größe 29 x 29 Pixel für iPod und iPhone
Icon-Small@2x.png	Icon für Suchergebnisse in der Größe 58 x 58 Pixel für iPod und iPhone (Retina-Version)
Icon-Small-50.png	Icon für Suchergebnisse in der Größe 50 x 50 Pixel für iPad
Icon-Small-50@2x.png	Icon für Suchergebnisse in der Größe 100 x 100 Pixel für iPad (Retina-Version)

Sobald Sie das App-Icon in den acht Varianten hergestellt haben, kopieren Sie die Dateien in den Ordner mit den Ressourcen.

Bild 1.14: Dateien im Ressourcen-Ordner

Auf der linken Seite in Xcode befindet sich ein Ordnerbaum mit Referenzen zu allen Dateien, die zum Projekt gehören. Dort müssen die acht Dateien ebenfalls bei den Resources gelistet sein. Sie können sie per Drag & Drop hinzufügen.

Bild 1.15: Referenzen im Ressourcen-Ordner

Die Namen der acht Dateien müssen auch bei den *Icon files* im Bereich *Info* gelistet sein. Hierzu erweitern Sie die Liste per Mausklick und tragen die Namen in die neu entstehenden Textfelder ein.

PROJECT		Summary	Info	Build Settings	Build Phases	Build Rules
eurocrisislt	▼ Custom iOS Target Properties					
	Key		Type	Value		
TARGETS	Bundle name		String	Euro Crisis LT		
eurocrisislt	Bundle identifier		String	de.cocos2d.eurocrisislt		
	▼ Icon files		Array	(8 items)		
	Item 0		String	Icon.png		
	Item 1		String	Icon@2x.png		
	Item 2		String	Icon-72.png		
	Item 3		String	Icon-72@2x.png		
	Item 4		String	Icon-Small.png		
	Item 5		String	Icon-Small@2x.png		
	Item 6		String	Icon-Small-50.png		
	Item 7		String	Icon-Small-50@2x.png		

Bild 1.16: Dateien in der Icon-Liste

1.2.5 Startbilder in eine App integrieren

Nach dem Start einer App erscheint zunächst ein Startbild. Es dient als sichtbares Signal dafür, dass die App startet und notwendige Ressourcen wie zum Beispiel Bilder und Musik im Hintergrund lädt.

Die folgende Tabelle zeigt die Bildschirmgrößen der verfügbaren Geräte. In dieser Größe sollten die Startbilder vorliegen. Die zugehörigen Dateien müssen bestimmte Namen haben, um von iOS erkannt zu werden.

Gerät	Hochformat (Portrait)	Querformat (Landscape)
iPhone	320 x 480 Pixel *Default.png* 640 x 960 Pixel (Retina) *Default@2x.png*	wird nicht unterstützt
iPad	768 x 1024 Pixel *Default-Portrait~ipad.png* 1536 x 2048 Pixel (Retina) *Default-Portrait@2x~ipad.png*	1024 x 768 Pixel *Default-Landscape~ipad.png* 2048 x 1536 Pixel (Retina) *Default-Landscape@2x~ipad.png*

Der Name einer Datei mit einem Startbild hat den allgemeinen Aufbau:

```
<basename><orientation><scale><device>.png
```

- *basename*: Default
- *orientation*: keine Angabe oder PortraitUpsideDown, LandscapeLeft, Landscape-Right, Portrait, Landscape (mit vorangestelltem Bindestrich)
- *scale*: keine Angabe oder @2x (Retina)
- *device*: iphone oder ipad (mit vorangestellter Tilde)

Weil das iPhone keine Startbilder im Querformat unterstützt, müssen Bilder um 90° nach links gedreht gespeichert werden.

Default.png   Default@2x.png   Default-Landscap e@2x~ipad.png   Default-Landscap e~ipad.png

Bild 1.17: Vier Startbilder für Euro Crisis LT

Die Startbilder kommen in den Ressourcen-Ordner des Projekts.

Bild 1.18: Startbilder im Ressourcen-Ordner

Per Drag & Drop fügen Sie die Dateien als Referenzen den Ressourcen des Projekts hinzu.

Bild 1.19: Startbilder als Referenzen bei den Ressourcen

Im Bereich *Summary* stellen Sie die unterstützten Geräteausrichtungen und die Startbilder für das iPhone und das iPad ein.

Bild 1.20: Einstellungen für das iPhone-Startbild

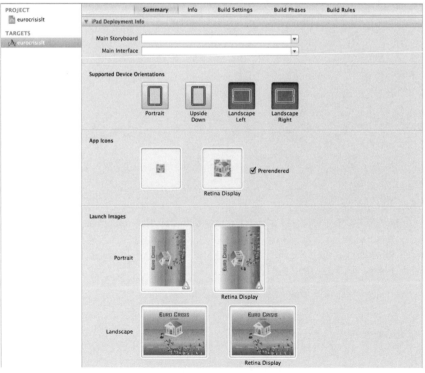

Bild 1.21: Einstellungen für das iPad-Startbild

Im Bereich *Info* finden Sie anschließend die eingestellten Geräteausrichtungen.

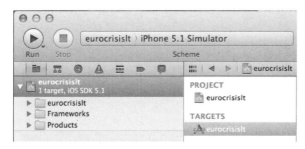

PROJECT	Summary	Info	Build Settings	Build Phases	Build Rules
eurocrisislt	▼ Custom iOS Target Properties				
TARGETS	Key		Type	Value	
eurocrisislt	Bundle name		String	Euro Crisis LT	
	Bundle identifier		String	de.cocos2d.eurocrisislt	
	▼ Supported interface orientations		Array	(2 items)	
	Item 0		String	Landscape (left home button)	
	Item 1		String	Landscape (right home button)	
	▼ Supported interface orientations (iPad)		Array	(2 items)	
	Item 0		String	Landscape (left home button)	
	Item 1		String	Landscape (right home button)	

Bild 1.22: Einstellungen für die Geräteausrichtungen

1.2.6 Eine App testen

Xcode enthält die Schaltfläche *Run*, um Apps in Simulatoren für iPhone und iPad oder auf angeschlossenen Geräten auszuprobieren. In der Liste neben der Schaltfläche wählen Sie einen Simulator oder ein angeschlossenes Gerät aus.

Bild 1.23: Start der App im iPhone-Simulator

Der Simulator hat das Menü *Hardware*. Hier können Sie zwischen vier Simulatoren (iPad, iPad Retina, iPhone, iPhone Retina) wechseln. Auch Steuermenüs wie zum Beispiel *Links drehen*, *Rechts drehen*, *Schüttelgeste* und *Home* sind vorhanden.

Bild 1.24: Auswahl verschiedener Simulatoren

Über die Home-Taste des Simulators oder das Menü *Home* erscheint der Screen des Geräts, um eine installierte App zum Beispiel löschen zu können.

Bild 1.25: Das Icon einer App im iPhone Simulator

Wenn Xcode läuft und ein Gerät an den Mac angeschlossen wird, erscheint automatisch der Organizer und fragt, ob das Gerät für die Entwicklung freigeschaltet werden soll. Voraussetzung hierfür ist, dass Sie eine Mitgliedschaft im iOS Developer Program besitzen.

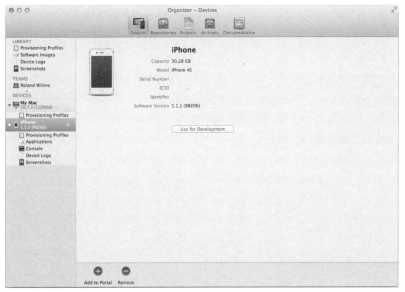

Bild 1.26: Freischaltung eines iPhones im Organizer

Freigeschaltete Geräte erscheinen in einer Liste im iOS Provisioning Portal bei der Adresse:

https://developer.apple.com

Es ist nur eine bestimmte Anzahl pro Jahr erlaubt, im Moment sind es 100.

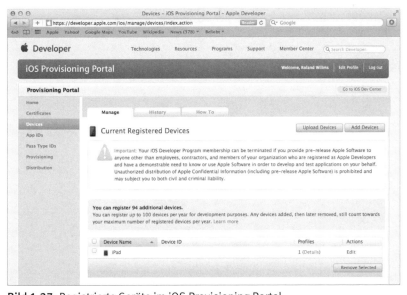

Bild 1.27: Registrierte Geräte im iOS Provisioning Portal

Sobald das Gerät freigeschaltet ist, erscheint es zusätzlich zu den Simulatoren in der Liste neben der Schaltfläche *Run*.

Bild 1.28: Start der App auf einem iPad

Achten Sie darauf, die installierten Apps nach Abschluss des Testens von den Geräten zu löschen, damit zum Beispiel Benutzereinstellungen in der App ebenfalls gelöscht werden. Es kann zu Abstürzen kommen, wenn die App auf Dinge der vorherigen Version zugreift, die nicht restlos entfernt sind.

1.2.7   Eine App in den App Store hochladen

Loggen Sie sich bei iTunes Connect mit der Adresse

https://itunesconnect.apple.com/

ein, begeben Sie sich zur App, und benutzen Sie die Schaltfläche *Ready to Upload Binary*.

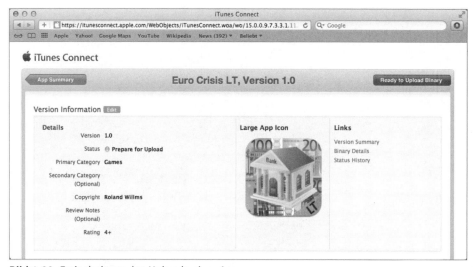

Bild 1.29: Freischaltung des Uploads einer App

Anschließend befindet sich die App im Zustand *Waiting for Upload*.

Bild 1.30: Wartemodus für den Upload

Entfernen Sie alle angeschlossenen Geräte (iPods, iPhones, iPads) vom Mac, und wählen Sie *iOS Device* in Xcode aus.

Bild 1.31:
Einstellung von iOS Device

Nun ist der Eintrag *Archive* im Menü *Product* in Xcode aktiviert.

Bild 1.32: Der Menüeintrag zum Archivieren

Nach dem Archivieren der App erscheint der Organizer.

Bild 1.33: Der Organizer mit dem App-Archiv

Über die Schaltfläche *Distribute* erscheint ein Dialog, in dem Sie *Submit to the iOS App Store* als Option wählen und die App in den Store hochladen.

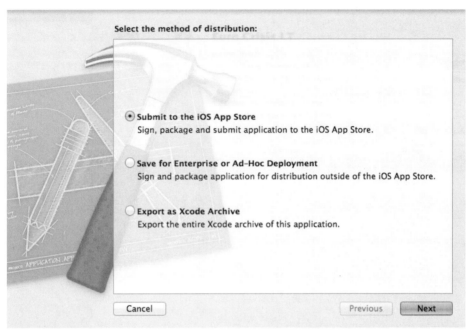

Bild 1.34: Hochladen in den App Store

Am Ende des Vorgangs erscheint eine Meldung, dass die App erfolgreich hochgeladen wurde und sich im Status *Ready for Review* befindet. Nach dem Testen der App durch Mitarbeiter von Apple wird die App im Store freigegeben.

1.3 Eclipse und Cocos2D-X installieren

1.3.1 Eclipse installieren

Das Hauptwerkzeug, mit dem wir Apps mit Cocos2D-X für Android programmieren, ist Eclipse mit der Adresse:

http://www.eclipse.org/downloads/

Wählen Sie *Eclipse IDE for Java Developers* für das vorhandene Betriebssystem.

Bild 1.35: Downloadseite von Eclipse

Eclipse befindet sich in einem Archiv, das Sie mit den Befehlen

```
cd <Ordner mit dem Archiv>
tar -xzvf Eclipse<Version>.tar.gz
```

entpacken.

Damit Eclipse funktioniert, ist eine Java Runtime Environment nötig. Java ist auf vielen Systemen bereits vorinstalliert. Falls nicht, laden Sie sich die Software von der Seite

http://www.java.com/

herunter und installieren sie.

Nach dem Start von Eclipse erscheint ein Dialog, in dem Sie einen Ordner für die in Eclipse angelegten Projekte festlegen, zum Beispiel:

~/Documents/EclipseProjects

Anschließend startet Eclipse, und Sie können mit der Integration von Android fortfahren.

1.3.2   Android integrieren

In Eclipse klicken Sie auf *Help/Install New Software.* Nun öffnet sich ein Dialogfenster.

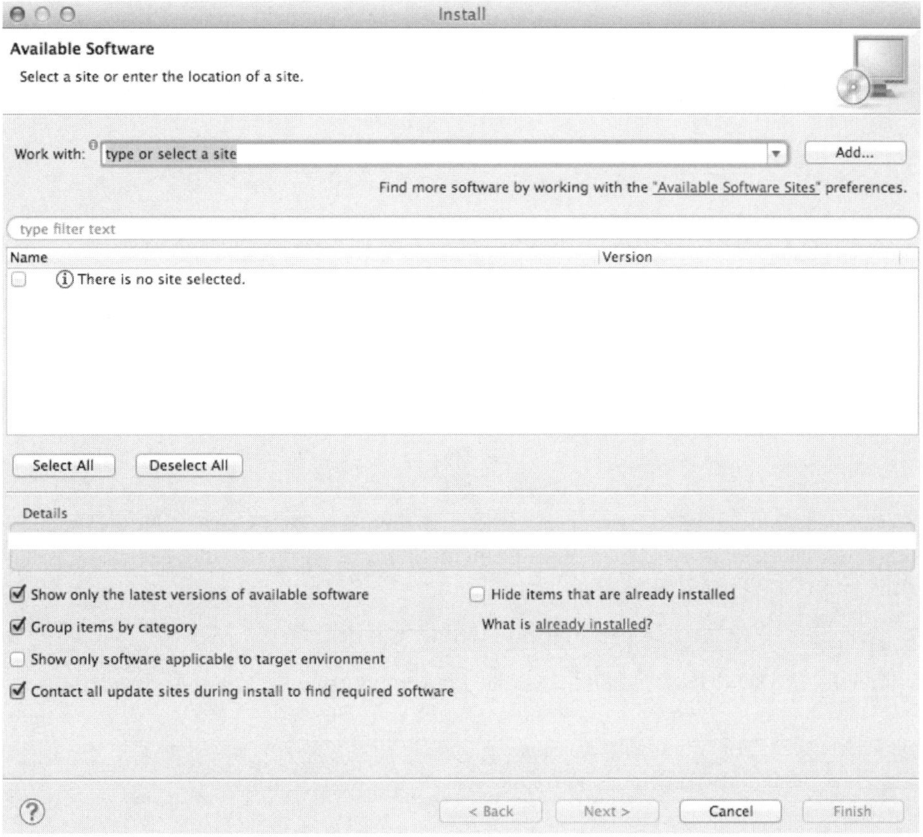

Bild 1.36: Install new software Dialog

Klicken Sie rechts auf die Schaltfläche *Add* und geben Sie im Textfeld *Location* die Adresse

https://dl-ssl.google.com/android/eclipse/

ein.

Markieren Sie das Kontrollkästchen *Developer Tools* und klicken Sie auf *Next*. Nun erscheinen einige Pakete, die heruntergeladen werden können. Klicken Sie noch mal auf *Next*, akzeptieren Sie die Lizenzbestimmungen, und klicken Sie auf *Finish*. Nun beginnt Eclipse mit dem Download der erforderlichen Pakete. Eventuelle Warndialoge können Sie ignorieren und durch Klicken auf *OK* überspringen. Am Ende des Vorgangs starten Sie Eclipse neu.

Nach dem Neustart erscheint ein Dialog, mit dessen Hilfe Sie die benötigten Android SDKs installieren. In diesem Buch benutzen wir die Version 4.1 von Android.

Nun fehlt noch das Android NDK, das auf der Seite

http://developer.android.com/tools/sdk/ndk/index.html#Downloads

zur Verfügung steht. Da es sich wieder um ein Archiv handelt, müssen Sie es mit dem Befehl

```
tar -xzvf android-ndk-<Version>.tar.bz2
```

entpacken.

1.3.3 Cocos2D-X installieren

Cocos2D-X in der Version 2.0 gibt es im Internet auf der Seite

http://www.cocos2d-x.org/

im Download-Bereich. Entpacken Sie das Archiv in einem Ordner Ihrer Wahl, den Sie schnell erreichen können, zum Beispiel:

```
~/cocos2dx
```

Starten Sie *Finder* und navigieren Sie in den soeben erstellten Ordner. Nun öffnen Sie die Datei *create-android-project.sh* mit einem Editor Ihrer Wahl und passen den Pfad zum Android SDK und NDK Path an.

- *NDK_ROOT_LOCAL* ist der Pfad zum Ordner mit dem NDK.

- *ANDROID_SDK_ROOT_LOCAL* ist der Pfad zum Ordner mit dem Android SDK.

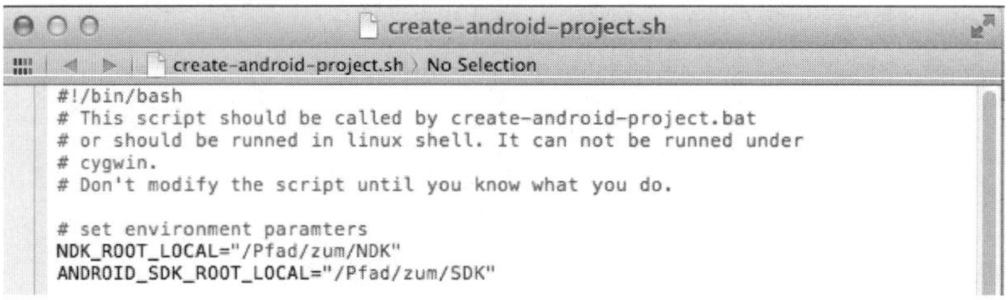

Bild 1.37: Anpassung wichtiger Pfade

Nach dem Speichern der Datei kann die Programmierung einer App für Android beginnen.

1.4 Eine App für Android erstellen

Zur Erstellung eines Projekts benötigen Sie zunächst einige Dateien. Diesen Job erledigt das Skript *create-android-project.sh* mit den geänderten Pfaden. Um das Skript auszuführen, öffnen Sie das Terminal, wechseln in den Ordner mit Cocos2D-X und geben den Befehl

```
sh create-android-project.sh
```

ein. Das Skript startet und fordert Sie auf, einige Parameter anzugeben.

Sie benötigen einen Paketnamen, zum Beispiel *de.cocos2dx.eurocrisislt*. Anschließend erscheint eine Liste mit allen Android SDKs auf Ihrem Rechner. Vor jedem SDK steht eine ID. Damit die App mit den meisten Geräten kompatibel ist, wählen Sie die ID für das Android 2.2 SDK aus.

Als Name des Projekts stellen wir *EuroCrisisLT* ein. Der Ordner für die App wird im Cocos2D-X Ordner erstellt, also:

```
~/cocos2dx/EuroCrisisLT
```

Das Skript erstellt nun das Android-Projekt mit der folgenden Ordnerstruktur:

- *Classes* mit dem C++Quellcode, der später kompiliert wird

- *proj.android* mit allen benötigten Dateien für Eclipse sowie der APK-Datei mit der App zum Aufspielen auf Android-Geräte.

- *Resources* mit den Dateien für Bilder, Videos, Sounds und sonstige Ressourcen

 **Bild 1.38:** Ordnerstruktur des Android-Projekts

Der Ordner *Resources* enthält standardmäßig ein paar PNG-Bilder für die App *HelloWorld*. Jedes mit dem Skript generierte Projekt ist am Anfang ein solches Standardprogramm, um den Einstieg zu vereinfachen.

Kopieren Sie den Startbildschirm der App in diesen Ordner, und nennen Sie ihn *default.png*. Anschließend können Sie die Datei *HelloWorld.png* löschen.

Nun sind die Vorbereitungen abgeschlossen. Wir ändern noch eine Zeile, damit der richtige Startbildschirm der App erscheint.

Öffnen Sie die Datei

cocos2dx/EuroCrisisLT/Classes/HelloWorldScene.cpp

und suchen Sie die Zeile

```
CCSprite* pSprite = CCSprite::create("HelloWorld.png");
```

im Quellcode. Ersetzen Sie *HelloWorld.png* durch den Namen des Hintergrundbilds *Background.png*. Die Klasse `CCSprite` dient dazu, Bilder darzustellen. Die einzelnen Klassen von Cocos2D-X werden wir im Laufe des Buchs detailliert besprechen.

Wechseln Sie nun im Terminal in den Projektordner mit dem Befehl

```
cd ../EuroCrisisLT
```

und anschließend in den Android-Ordner mit dem Befehl

```
cd proj.android
```

Führen Sie das Skript *build-native.sh* aus, um das Projekt zu kompilieren.

```
sh build-native.sh
```

Zum Öffnen des Projekts in Eclipse starten Sie das Menü *File/New/Project*, wählen Sie *Android Project from Existing Source* aus und klicken auf *Next*.

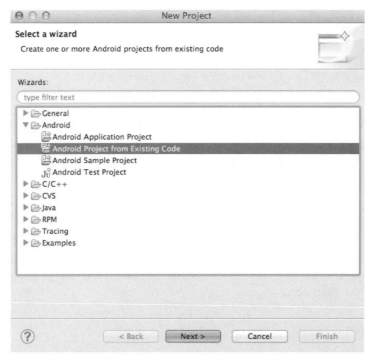

Bild 1.39:
Projektwizard in
Eclipse

Bei *Root Directory* klicken Sie auf *Browse* und wählen den Ordner *proj.android* in Ihrem Projektverzeichnis aus. Alle anderen Einstellungen können so bleiben. Klicken Sie auf *Finish*, damit Eclipse das Projekt importiert.

Um das Programm im Emulator auszuführen, ist noch ein Android Virtual Device notwendig. Die Einstellung eines virtuellen Geräts nehmen Sie in Eclipse bei *Window/AVD Manager* vor. Klicken Sie auf *New* und übernehmen Sie die angezeigten Einstellungen.

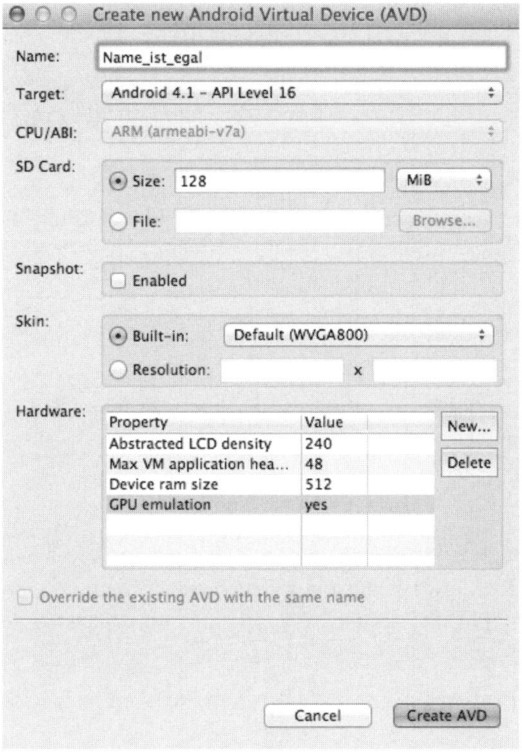

Bild 1.40: Einstellungen für ein Android Virtual Device

Bei Hardware muss mithilfe der Schaltfläche *New* die GPU Emulation hinzugefügt und der zugehörige *Value* auf *yes* gesetzt werden, um OpenGL ES 2.0 zu emulieren.

Es kann sein, dass später Fehlermeldungen in den Dateien *Cocos2dxGLSurface-View.java* und *Cocos2dxAccelerometer.java* entstehen. Um diese zu beseitigen, müssen Sie in den beiden Dateien an allen Fehlerstellen den Befehl

```
@override
```

löschen.

Aufgrund eines Bugs in Cocos2D-X müssen Sie den Quellcode in der Datei *src/org. cocos2dx.eurocrisislt/EuroCrisis.java* verändern. Es geht um die Methode *detectOpenGLES20()*, die standardmäßig *false* zurückgibt, obwohl OpenGL ES 2.0 aktiviert ist.

Ändern Sie diese Methode in:

```
private boolean detectOpenGLES20()
{
    return true;
}
```

Zur Integration eigener Icons für das Programm erstellen Sie die Größen in der folgenden Tabelle:

Display	Größe des Icons
ldpi	32 x 32
mdpi	72 x 72
hdpi	96 x 96
xdpi	512 x 512

Diese Icons müssen im Ordner *proj.android* in den Ordner *res* und in den jeweiligen Unterordner kopiert werden. Jedes Icon im jeweiligen Ordner erhält den Namen *icon.png*. Abhängig von der jeweiligen DPI-Zahl des Geräts erscheint nun das passende Icon.

Um das Projekt auszuführen und das Programm zu sehen, drücken Sie oben in Eclipse auf den grünen Pfeil.

Wenn die App getestet ist und fehlerfrei läuft, können Sie die APK-Datei der App in die Android-Stores hochladen, zum Beispiel bei

https://developer.amazon.com/apps/

im Amazon-Store oder

http://play.google.com/apps/publish/

bei Google Play.

2 Spiele designen

In diesem Kapitel behandeln wir:

- Elemente und Erfolgsfaktoren in Spielen
- den Entwurf von Spielkritiken
- das Spiel *Euro Crisis LT*

2.1 Spiele kritisieren

Allgemein betrachtet ist Spielen eine Tätigkeit mit bestimmten Regeln, die aus Vergnügen an dieser Tätigkeit ausgeübt wird, ohne einen bewussten Zweck zu verfolgen. In diesem Buch verengen wir den Spielbegriff im Hinblick auf elektronische Spiele, die auf verschiedenen Geräten wie zum Beispiel Handys, Tablets und PCs ablaufen. Hierzu gehören Glücksspiele, Strategiespiele, Kommunikationsspiele, Geschicklichkeitsspiele, Gedächtnisspiele, Imitationsspiele, Legespiele, Rollenspiele und weitere Spielarten.

2.1.1 Merkmale von Spielen

Ein sehr wichtiges Element in einem Spiel, aus dem sich dessen Erfolg ergibt, ist die eigene Aktivität. Sie kann im geistigen (planen, entscheiden, denken, konzentrieren, verstehen, lernen), emotionalen (gewinnen, verlieren, andere Spieler kennenlernen, kreativ sein, Abläufe akzeptieren) und motorischen (geschickt sein, schnell reagieren, flexibel sein) Bereich liegen.

Der Spieler taucht in eine besondere Spielwelt mit einem eigenen Raum und einer eigenen Zeit ein. Diese kann zwar einige Gemeinsamkeiten mit der Alltagswelt haben, hat aber ansonsten nichts mit ihr zu tun. Am Ende des Spiels verlässt der Spieler die Spielwelt und findet sich im gleichen Zustand wie vor dem Spiel in der Alltagswelt wieder.

Die Spielwelt muss attraktiv gestaltet sein, um den Spieler durch Begeisterung lange zu fesseln. Er durchlebt gegensätzliche Empfindungen, zum Beispiel Freude und Ärger, Gelassenheit und Wut, Hoffnung und Enttäuschung, Fröhlichkeit und Traurigkeit.

Zu einer Spielwelt gehören mehrere Spielelemente:

- Material: die Ausstattung der Spielwelt, die Teilnehmer des Spiels, ergonomische Aspekte bei Hardware (Geräte) und Software (Bedienung)

- Regeln: die Aufzählung des Materials, die Beschreibung des Ablaufs einschließlich Vorbereitung und Endbedingungen, der Anhang mit Hinweisen zu Spieltaktiken mit Beispielen

- Ziel: ein messbares Ergebnis, auf das die Spieler hinarbeiten

- Zufall: jedes Spiel hat einen anderen Ablauf

- Wettbewerb: Spieler messen sich untereinander, sodass es Sieger und Verlierer gibt

- Gleichberechtigung: alle Spieler haben die gleiche Ausgangssituation und die gleichen Gewinnchancen

- Gemeinsames Erlebnis: mehrere Spieler finden sich in einer Gruppe zusammen

- Freiheit: der Beitritt zum Spiel und die Beendigung des Spiels sind jederzeit möglich

Anhand der erfolgreichen Spiele *Zynga Slots*, *Tiny Wings* und *Fruit Ninja* beleuchten wir diese Spielelemente näher.

2.1.2   Zynga Slots

Zynga Slots, eine kostenlose App im App Store mit Cocos2D-Elementen, bietet in einer Lobby verschiedene Spielautomaten an.

Bild 2.1:
Spielautomaten
in der Lobby

Ein Spielautomat besteht aus fünf senkrecht verlaufenden Bändern mit verschiedenen Symbolen.

Bild 2.2:
Die Slotmaschine
Anker lichten

Die Spielelemente sind:

- Material: Das Casino enthält mehrere Slotmaschinen mit verschiedenen Themen. Der Spieler bekommt am Anfang eine bestimmte Anzahl von Münzen zum Verspielen. Wenn die Münzen nicht mehr ausreichen, kann er welche mit echtem Geld nachkaufen. Jeder Slot hat die üblichen Schaltflächen zur Bedienung.

- Regeln: Der Spieler legt die Anzahl der Münzen pro Linie und die Anzahl der Linien fest. Eine Gewinntabelle enthält die Anzahl der ausgezahlten Münzen abhängig von der Anzahl der Symbole in einer Linie von links nach rechts. Jeder Slot zeigt über den Walzen eine charakteristische Gegend, in dem ein Gegenstand immer weiter von links nach rechts rückt. Wenn er am rechten Rand angekommen ist, beginnt der Fieber-Modus. Der Slot erhält besondere Walzen, und der Spieler hat für eine bestimmte Dauer die Möglichkeit, an dieser speziellen Slotvariante mit höheren Gewinnchancen zu spielen. Es gibt die Bonusspiele Scatter und Bonus. Bei Scatter gibt es Freispiele und bei Bonus ein Puzzlespiel. Bei drei Jackpotsymbolen wird der Jackpot ausgeschüttet.

- Ziel: Der Spieler soll möglichst viele Münzen gewinnen und Spaß haben.

- Zufall: Es werden unvorhersagbare Kombinationen ausgespielt.

- Wettbewerb: Über Facebook kann der Spieler um gemeinsame Jackpots spielen und eine Rangliste der Freunde einsehen.

Problematisch ist bei Zynga Slots die Aktivität des Spielers. Die Slotmaschinen arbeiten ausschließlich zufallsbasiert, sodass das Spiel rasch langweilig wird. Es gibt drei Strategien, um einen möglichst hohen Geldstand zu erzielen:

- Der Spieler bekommt alle fünf Stunden 420 Coins geschenkt. Um diese Wartezeit zu umgehen, stellt er die Uhrzeit seines Geräts beliebig oft um einen Tag vor und holt jeweils die Münzen ab, sodass ein beliebig hoher Kontostand entsteht. Dies reicht als Startgeld aus, um später an mehrere Millionen zu gelangen.

- Der Spieler nutzt ausschließlich den Fiebermodus mit einer anderen Symbolanordnung und damit verbundenen erhöhten Gewinnen. Um diesen Modus ohne große Verluste zu erreichen, setzt er im normalen Spiel nur eine Münze auf eine einzige Linie und schaltet beim Einsetzen des Fiebers auf maximalen Einsatz hoch.

- Der Spielstand wird auf einem Server zwischengespeichert. Wenn der Spieler zwei Geräte besitzt, kann er auf einem Gerät seine Münzen sichern und mit dem anderen Gerät große Einsätze tätigen. Wenn das Geld verloren geht, startet er das Gerät mit dem gespeicherten Kontostand, sodass dessen Stand wieder zwischengespeichert wird, und lässt diesen Kontostand auf dem anderen wiederherstellen.

Bild 2.3:
Millionengewinn
im Fiebermodus

Aus Sicht von Zynga sind die sehr spärlich ausfallenden Gewinne während des normalen Spiels gewollt. Sie sollen den Spieler am Anfang dazu animieren, Münzen im Münzladen gegen echtes Geld zu erwerben, weil die App kostenlos im App Store angeboten wird. Dies verletzt den Grundsatz der Gleichberechtigung, weil Spieler mit viel Geld sich viele Münzen kaufen können, und vermischt die Spielwelt mit der Alltagswelt. Kaufbar sind 25.000 Münzen für 79,99 €, bei Sonderaktionen gibt es sogar 120.000 Münzen für 79,99 €.

Bild 2.4: Münzen
gegen echtes Geld

Wenn die Slotmaschinen später freigeschaltet sind, lassen sich pro Spiel bis zu 200.000 Münzen setzen, wodurch die Preise lächerlich wirken. Mit den obigen drei Strategien kommt man rasch an 65 Millionen Münzen, die einen Wert von ungefähr 45.000 € haben. Leider ist es nicht möglich, die Münzen wieder in echtes Geld umzuwandeln. Richtig wäre die Relation 10 Millionen Münzen für 0,79 €, was bestimmt mehr Einnahmen für Zynga bedeuten würde.

2.1.3   Tiny Wings

Tiny Wings ist ein Überraschungserfolg eines deutschen Programmierers und ein schönes Beispiel dafür, dass einzelne Personen auch ohne Beziehungen zu großen Firmen in den App Stores erfolgreich sein können. Erst die mobilen Geräte ermöglichen die direkte Beteiligung am Markt, ohne Software auf eine CD kopieren und in einem Karton verpackt über den Versandhandel anbieten zu müssen.

Ein kleiner Vogel wacht in seinem Nest auf und möchte die weite Welt erkunden. Seine Flügel sind aber noch sehr schwach, sodass er die wellenförmig gestaltete Landschaft nutzen muss, um Schwung zu holen und sich mithilfe der Sprünge fortzubewegen. In den Tälern liegen manchmal gelbe Kugeln für Bonuspunkte und blaue Kugeln für einen besonderen Geschwindigkeitsschub. Leider geht die Sonne irgendwann unter, sodass der Vogel wieder einschläft und seine Reise durch die Welt endet.

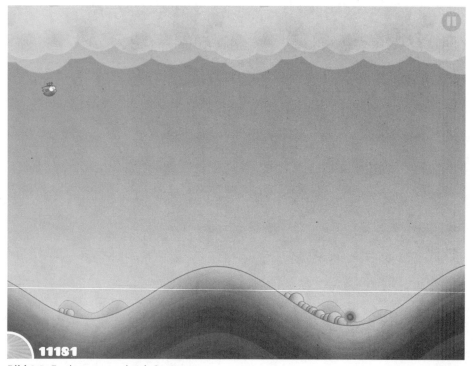

Bild 2.5: Fortbewegung durch Sprünge

Die Spielelemente sind:

- Material: Der Vogel erweckt beim Spieler eine subjektive Betroffenheit durch Identifikation »Flieg, kleiner Vogel, flieg«. Die Welt besteht aus zehn Inseln, wobei jede Insel eine andere Wellengestaltung mit unterschiedlichem Schwierigkeitsgrad hat. Jede Insel bietet eine eigene Atmosphäre. Alle Inseln ändern ihr Aussehen, wenn ein neuer Tag beginnt.

- Regeln: Der Spieler kann den Vogel durch die Landschaft bewegen, bis ihn die Nacht einholt. Die zurückgelegte Strecke und die Bonuskugeln ergeben einen Punktestand. Ein Multiplikator, der nach der Lösung verschiedener Aufgaben immer höher wird, vervielfacht die erreichten Punkte.

Bild 2.6: Verschiedene Aufgaben zur Erhöhung der Punkte

- Ziel: Der Spieler soll möglichst viele Punkte sammeln. Hierzu muss er den höchsten Multiplikator und möglichst die zehnte Insel erreichen. Wichtig sind zwischendurch die Wolkenberührungen und der Fieber-Modus, der nach drei schönen Schwüngen durch die Täler eingeläutet wird und für hohe Punktzahlen sorgt.

- Zufall: Die Landschaft ändert sich vollständig mit dem Datum auf dem Gerät, sodass das Spiel täglich neu ist.

- Wettbewerb: Über das Game Center kann sich der Spieler mit seinen Freunden anhand von Bestenlisten und Erfolgen messen.

Dass das Spiel sehr erfolgreich ist, hängt unter anderem mit der Aktivität des Spielers zusammen, die sich über mehrere Bereiche erstreckt:

- Raumgewinn: Der Vogel muss möglichst schnell vom Nest aus eine große Entfernung zurücklegen.

- Punktestand: Der Vogel muss möglichst viele Wolkenberührungen, perfekte Rutschvorgänge in den Tälern, gelbe und blaue Kugeln sammeln, um einen hohen Punktestand zu erreichen.

- Eroberung: Der Vogel gelangt bei seinem Flug durch die Landschaft von einer Insel zur nächsten und soll die zehnte und letzte Insel erreichen. Diese Insel ist erheblich länger als die anderen, sodass der Vogel keine Chance hat, der Nacht zu entkommen, weil die Sonne immer schneller untergeht.

- Aufgaben: Um den höchsten Multiplikator zu erreichen, muss der Spieler bestimmte Aufgaben lösen, zum Beispiel die dritte Insel erreichen, 200 gelbe Kugeln sammeln und zehnmal die Wolken berühren. Jedes Level besteht aus Aufgaben, die zum Ende hin immer schwerer bis fast unlösbar werden. Gerade der Flug über die vierte Insel im Fieber-Modus kostet die Spieler einige Tage Nerven. Bei einem abgeschlossenen Aufgabenset gibt es ein neues Nest, bis der Spieler am Ende den Titel »Tiny Wings Master« erhält.

Bild 2.7: Höherer Multiplikator

- Reaktion: Der Spieler muss den Vogel mit einem Finger geschickt steuern. Wenn der Finger den Bildschirm berührt, wird der Vogel schwer und kann durch die Täler rutschen. Wenn der Finger den Bildschirm loslässt, ist der Vogel leicht und fliegt weiter, sinkt aber langsam wieder zu Boden.

- Gedächtnis: Die Landschaft ändert sich nur, wenn sich das Datum auf dem Gerät ändert. Der Spieler kann sich also den wellenförmigen Verlauf der Insel merken und sich eine möglichst geschickte Bewegung für den Vogel antrainieren.

- Richtiges Einschätzen: Es ist nicht einfach, einen Blick dafür zu bekommen, wann der Vogel in Richtung Boden beschleunigt werden muss. Bei ungeschickten Bewegungen fliegt er gegen den Berg und wird gebremst. Das richtige Timing ist für einen Erfolg entscheidend. Außerdem sind immer nur drei Berge sichtbar, sodass man flexibel in die Flugbahn eingreifen muss.

Problematisch in Tiny Wings ist die Landschaftsgestaltung, weil sie direkten Einfluss auf den erreichbaren Punktestand nimmt und die Chancengleichheit verletzt. Bei bestimmten Landschaften ist es unmöglich, die zehnte Insel zu erreichen, weil vorher so viele merkwürdige Berg-Tal-Konstellationen auftauchen, die ein rasches Überwinden verhindern. So bleibt der Spieler meistens im Bereich um die 250.000 Punkte hängen, bis die Super-Inseln erscheinen, die mehr als 300.000 Punkte ermöglichen. Diese Inseln sind am nächsten Tag leider wieder weg, es sei denn, der Spieler verhindert, dass sich das Datum des Geräts ändert.

Auch für den Überflug der vierten Insel im Fieber-Modus muss der Spieler die geeignete Insel finden. Durch Vorstellen und Zurückstellen des Datums lässt sich die Landschaft ständig ändern, sodass irgendwann die richtige Kombination verfügbar ist. Das Auffinden der richtigen Landschaft ist sehr mühsam. Interessant wäre, wenn sehr gute Landschaften gespeichert werden könnten, um sie später mal Freunden zu zeigen und einen Wettbewerb zu starten.

2.1.4 Fruit Ninja

Fruit Ninja ist ein weiteres Spiel, das zum Zeitvertreib zwischendurch sehr beliebt ist. Der Spieler muss mit dem Finger Früchte zerschneiden, die aus dem Boden hochgeschossen werden. Ab und zu kommen Handgranaten mit, die nicht zerschnitten werden dürfen, weil sie sonst explodieren und das Spiel zu Ende ist.

Bild 2.8: Früchte zerteilen

Die Spielelemente sind:

- Material: Es gibt unterschiedliche Früchte zum Zerschneiden, zum Beispiel Bananen, Kokosnüsse, Orangen, Äpfel und Birnen. Sternfrüchte liefern besondere Punkte, mit denen sich der Spieler spezielle Effekte kaufen kann. Hierzu gehören die Beerenbomben, die explodieren und gleich mehrere Früchte zerlegen, und die Bombenabwehr, durch die der Spieler dreimal eine Handgranate zerschneiden kann, ohne dass sie explodiert.

Bild 2.9: Gefährliche Handgranaten

- Regeln: Der Spieler muss möglichst viele Früchte zerschneiden. Wenn eine Frucht zu Boden fällt, gibt es einen Strafpunkt. Bei drei Strafpunkten ist das Spiel zu Ende. Wenn mehrere Früchte mit einem Schwung zerschnitten werden, gibt es zusätzliche Kombopunkte. Ab und zu erscheint eine Bonusfrucht, die sehr viele Punkte bringt, wenn sie ganz schnell mehrmals hintereinander zerschnitten wird.

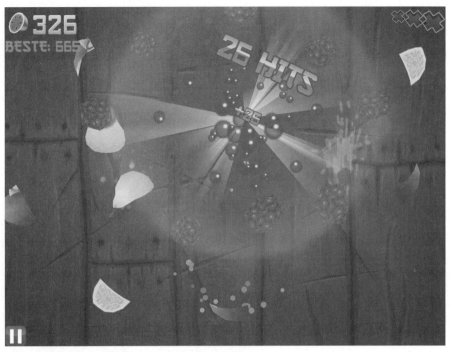

Bild 2.10: Bonusfrüchte für extra hohe Punkzahlen

- Ziel: Der Spieler soll möglichst viele Punkte erreichen.

- Zufall: Es werden unvorhersagbare Kombinationen aus Früchten und Granaten abgeschossen. Der Schwierigkeitsgrad erhöht sich ständig. Am Ende sind so viele Früchte und Granaten überlagert, dass der Spieler chancenlos verliert.

- Wettbewerb: Über das Game Center kann der Spieler sich mit anderen in den Bestenlisten messen.

2.2 Euro Crisis LT als Projekt

In diesem Buch wollen wir die Klassen von Cocos2D möglichst umfassend an einem einzigen Spielprojekt erklären. Um den Umfang des Buchs im üblichen Rahmen zu halten, soll das Spiel möglichst einfach sein, aber dennoch die charakteristischen Merkmale der Spiele für zwischendurch enthalten.

Auf die Nutzung von Klassenkonzepten, die zwar sinnvoll sind, aber vom eigentlichen Zweck ablenken, verzichten wir bewusst. Die Sprachelemente sind möglichst einfach gestaltet, damit der Quellcode in Objective C und C++ nebeneinandergelegt und verglichen werden kann.

Im Spiel Euro Crisis LT muss der Spieler verhindern, dass Diebe und Terroristen in eine Bank eindringen, um sich unerlaubt an den Euro-Vorräten zu bedienen.

Die Spielelemente sind:

- Material: Verschiedene Spielfiguren besuchen die Bank. Darunter sind Banker, Verkaufsangestellte, Buchhalter, Investoren und Finanziers als Freunde, aber auch Terroristen und Diebe als Feinde. Daneben gibt es noch Kugeln für die Schüsse, Geldscheine zur Belohnung für vernichtete Feinde und ein Spielfeld.

Bild 2.11: Freunde

- Regeln: Der Spieler befindet sich als Officer am linken Spielrand. Die Feinde kommen vom rechten Spielrand geradlinig herein und bewegen sich nach links in Richtung der Bank. Um zu schießen, berührt der Spieler den Bildschirm an einer geeigneten Stelle. Weil sich die Feinde während eines Schusses weiterbewegen, muss der richtige Ort gut geschätzt werden. Die Feinde sind nicht ganz hilflos. Ab und zu schießen sie zurück.

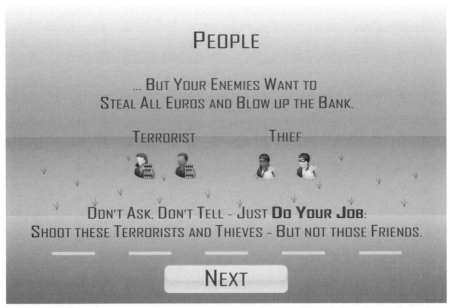

Bild 2.12: Feinde

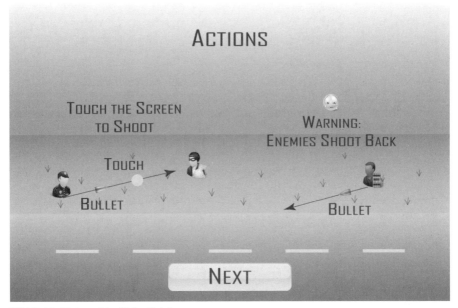

Bild 2.13: Unterschiedliche Schüsse

Der Spieler kann den Officer mit einem Finger hoch und runter bewegen, um perfekte Schussbahnen zu erhalten oder den Schüssen der Feinde auszuweichen. Wenn ein Feind getroffen ist, erscheint an dessen Stelle eine Banknote, die nach links wandert und ebenso durch Bewegung des Officers aufgesammelt werden kann.

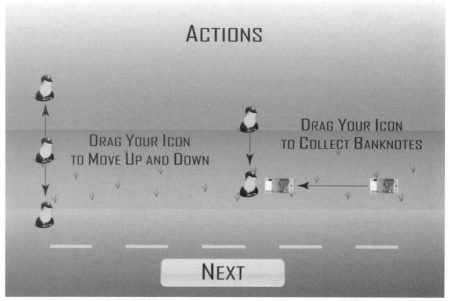

Bild 2.14: Bewegung des Officers

Am Anfang hat der Spieler 20 Euro. Jeder Schuss kostet 5 €. Um mehr Geld zu erhalten, müssen Feinde ausgeschaltet und die entstehenden Banknoten eingesammelt werden. Wenn der Spieler einen Freund erwischt, verliert er zur Strafe 10 Prozent seines Kontostands. Das Spiel endet, wenn ein Feind den Officer mit einer Kugel trifft oder kein Geld mehr für Schüsse verfügbar ist.

Wenn der Spieler mehr als zehn Feinde ohne Unterbrechung trifft, startet der Inflationsmodus. Nun ist die Chance auf Banknoten mit hohen Werten besonders groß. Der Inflationsmodus dauert so lange, bis ein Freund getroffen ist.

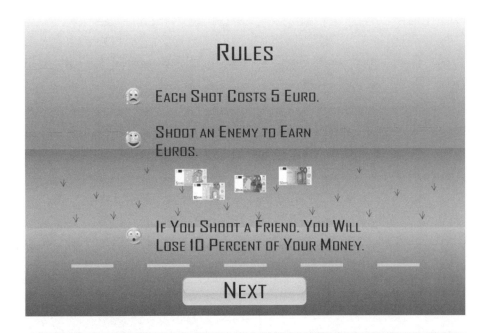

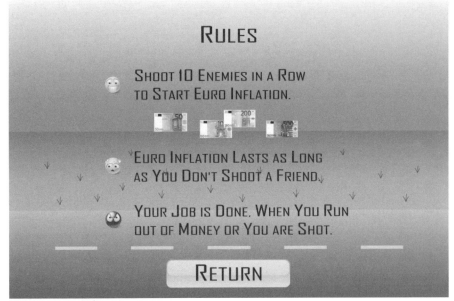

Bild 2.15: Spielregeln

- Ziel: Der Spieler soll einen möglichst hohen Kontostand, eine möglichst lange Spiel- oder Inflationszeit erreichen, die lokal in den Bestenlisten oder im Game Center erscheint. Weiterhin soll er verschiedene Aufgaben lösen, um den Titel »Euro Defense

Commander« zu erlangen, der bei den Erfolgen lokal oder im Game Center zu sehen ist.

- Zufall: Freunde und Feinde erscheinen zufällig auf dem Spielfeld. Mit der Zeit nehmen die Bewegungsgeschwindigkeit und die Anzahl der Freunde und Feinde zu. Bereits nach fünf Minuten wird das Spiel sehr knifflig. Die Anzahl der Schüsse von den Feinden erhöht sich ebenfalls mit der Zeit.

- Wettbewerb: Über das Game Center kann der Spieler seine erreichten Stände und Erfolge mit anderen Spielern vergleichen.

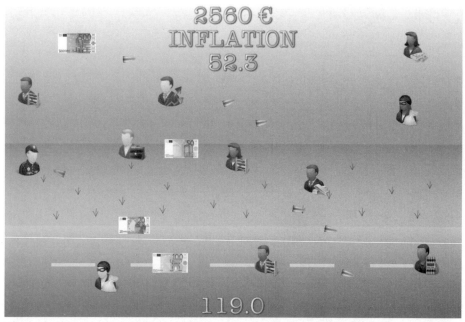

Bild 2.16: Zählerstände für Kontostand, Inflationszeit und Spielzeit

Euro Crisis LT ist in sich abgeschlossen, bietet aber einige Erweiterungsmöglichkeiten, sodass das Spiel als Testversion (LT = Lite) gekennzeichnet ist. Die normale Version *Euro Crisis* enthält acht Welten mit verschiedenen Atmosphären und Effekten sowie die Möglichkeit, gegen einen anderen Spieler im Duell anzutreten.

3 Bilder anzeigen

In diesem Kapitel behandeln wir:

- die Vorbereitungen für die erste Szene im Spiel
- das Hauptelement CCNode zur Darstellung von Spielelementen auf dem Bildschirm
- die Hilfsklasse CGPoint für Punkte
- das Laden und Anzeigen von Bildern mit CCSprite

3.1 Spielszenen vorbereiten

Aktuell ist unser Spieleprojekt soweit fertig, dass Icons und Startbilder integriert sind. Damit es losgehen kann, müssen wir eine Szene mit einer Ebene einbauen. Hierzu sind einige Anpassungen nötig, die erst im weiteren Verlauf des Buchs ausführlicher erklärt werden.

3.1.1 Eine Szene mit einer Ebene bereitstellen

Bei der Veröffentlichung der zweiten Version von Cocos2D fiel die Entscheidung, dass man nicht ein Programm mitliefert, das ein Bild mit der Aufschrift »Hello Cocos2D« anzeigt, sondern ein Programm, das noch einmal das Startbild anzeigt und danach in eine schwarze Ebene mit der Aufschrift *Hello World* und den Menüs *Achievements* und *Leaderboard* überblendet.

Bild 3.1: Startbild der App

Beide Bereiche zeigen die Auffrischfrequenz des Bildschirms an, die maximal bei 60 fps (frames per second) liegt. Die Anzeige dieser Frequenz ist nützlich, um Leistungsprobleme des Geräts bei der Ausführung des Spiels frühzeitig zu erkennen, weil der Wert in solchen Fällen einbricht.

Bild 3.2: Begrüßungsbildschirm der App

Nach dem Anlegen eines neuen Projekts zeigt Xcode sechs Dateien mit Quellcode an.

- *AppDelegate.h* und *AppDelegate.m*: zuständig für Voreinstellungen der App

- *HelloWorldLayer.h* und *HelloWorldLayer.m*: eine schwarze Ebene mit der Aufschrift *Hello World* und den Menüs *Achievements* und *Leaderboard*

- *IntroLayer.h* und *IntroLayer.m*: eine Ebene zum Überblenden vom Startbild zum HelloWorldLayer

Bild 3.3: Dateien des Begrüßungsprogramms

Um fortzufahren, löschen Sie die überflüssigen Referenzen *HelloWorldLayer.h*, *HelloWorldLayer.m*, *IntroLayer.h* und *IntroLayer.m* in Xcode, sodass die zugehörigen Dateien ebenfalls verschwinden.

Um eine neue Klasse anzulegen, rufen Sie das Menü *File/New/File…* auf.

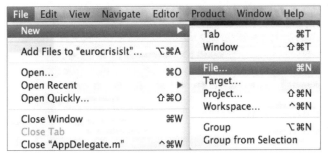

Bild 3.4: Menü zum Anlegen einer neuen Klasse

Nun erscheint ein Dialog, in dem Sie CCNode als Template auswählen.

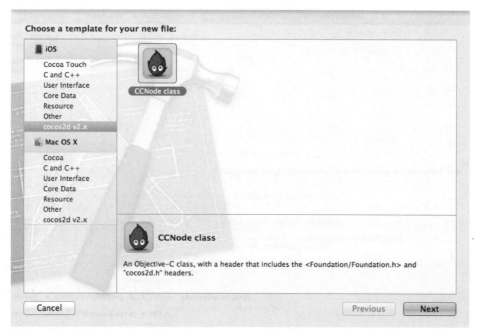

Bild 3.5: Auswahl eines Templates

Anschließend geben Sie den Klassennamen *DoYourJobScene* an.

Wiederholen Sie nun den ganzen Vorgang für die Klasse *DoYourJobLayer*. Danach enthält Xcode die vier neuen Referenzen *DoYourJobScene.h*, *DoYourJobScene.m*, *DoYourJobLayer.h* und *DoYourJobLayer.m*.

Bild 3.6: Neue Klassendateien des Programms

Wenn Sie eine Referenz auswählen, erscheint der zugehörige Quellcode automatisch in Xcode.

Die Datei *AppDelegate.m* enthält Anweisungen zur Initialisierung der App. Einige sorgen für bestimmte Voreinstellungen, die wir ändern können.

Die Anweisung

```
[director_ setDisplayStats:NO];
```

stellt ein, ob statistische Angaben wie zum Beispiel die Auffrischfrequenz auf dem Bildschirm erscheinen (bei YES) oder nicht (bei NO).

Die Anweisungen

```
[sharedFileUtils setiPhoneRetinaDisplaySuffix:@"-hd"];
[sharedFileUtils setiPadSuffix:@"-ipad"];
[sharedFileUtils setiPadRetinaDisplaySuffix:@"-ipadhd"];
```

legen die Namenserweiterungen für verschiedene Dateien fest, zum Beispiel für Bilder.

Apple liefert zurzeit vier Gerätetypen mit iOS aus:

- Bildschirmgröße 480 x 320 (iPod/iPhone)

- Bildschirmgröße 960 x 640 (iPod/iPhone mit Retina-Display)

- Bildschirmgröße 1024 x 768 (iPad)

- Bildschirmgröße 2048 x 1536 (iPad mit Retina-Display)

Beim Anzeigen eines Bildes muss iOS im Hintergrund die richtige Datei finden. Das Betriebssystem erkennt dies an der Erweiterung.

Das Projekt *code/ios_02* enthält die Dateien *DoYourJob.png*, *DoYourJob-hd.png*, *DoYourJob-ipad.png* und *DoYourJob-ipadhd.png*. Mithilfe der Suffixe (kein Suffix, -hd, -ipad und -ipadhd) werden automatisch die richtigen Dateien zum Bild *DoYourJob* geladen.

Die Anweisung

```
[director_ pushScene: [DoYourJobScene node]];
```

sorgt dafür, dass nach dem Startbildschirm zur Szene *DoYourJobScene* gewechselt wird. Mit dieser Szene beginnt das eigentliche Programm.

Die Datei *DoYourJobScene.h* enthält die Zeilen

```
#import "cocos2d.h"

@interface DoYourJobScene : CCScene {
}

@end
```

und die Datei *DoYourJobScene.m* die Zeilen

```
#import "DoYourJobLayer.h"
#import "DoYourJobScene.h"

@implementation DoYourJobScene

-(id)init
{
  self = [super init];
  if (self != nil) {
    DoYourJobLayer *layer = [DoYourJobLayer node];
    [self addChild:layer];
  }
  return self;
}

@end
```

Der Quellcode ist im späteren Kapitel zum Szenenmanagement erklärt. Die Szene *DoYourJobScene* enthält lediglich eine einzige Ebene, und zwar den *DoYourJobLayer*.

In der Datei *DoYourJobLayer.h* stehen die Zeilen

```
#import "cocos2d.h"

@interface DoYourJobLayer : CCLayer {

  // Zustand und Verhalten der Ebene deklarieren

}

@end
```

und in der Datei *DoYourJobLayer.m* die Zeilen

```
#import "DoYourJobLayer.h"

@implementation DoYourJobLayer

-(id)init {
  self = [super init];
  if (self != nil) {
    // Anweisungen zur Initialisierung der Ebene
  }
  return self;
}
```

```
// Zustand und Verhalten der Ebene implementieren

-(void)dealloc
{
  [super dealloc];
}

@end
```

Dies sind zunächst die Grundgerüste zum Aufbau einer Ebene.

3.1.2   iPhone und iPad unterscheiden

Auch wenn iOS bei universellen Apps im Hintergrund automatisch die richtigen Bilder lädt, muss bei mathematischen Berechnungen von Orten klar sein, auf welchem Gerätetyp das Programm gerade läuft.

In der Datei *DoYourJobLayer.h* steht die Deklaration

```
bool isPhone;
```

für die globale Variable isPhone.

Die Datei *DoYourJobLayer.m* enthält die Anweisung

```
if (UI_USER_INTERFACE_IDIOM() == UIUserInterfaceIdiomPhone) {
  isPhone = true;
}
```

bei der Initialisierung der Ebene. Sie stellt den richtigen Wert der globalen Variable isPhone ein, abhängig davon, ob das Spiel auf dem iPhone oder iPad läuft.

Später können wir jederzeit mithilfe des if-else-Blocks

```
if (isPhone) {
  // Anweisungen auf dem iPhone
} else {
  // Anweisungen auf dem iPad
}
```

die speziellen Anweisungen für das jeweils vorhandene Gerät ausführen.

Wichtig für die Berechnung von Orten ist, dass die Gerätetypen iPhone/iPhone Retina und iPad/iPad Retina jeweils das gleiche Koordinatensystem besitzen. Die Retina-Versionen haben zwar die doppelte Pixelanzahl in der Breite und der Höhe, aber die Koordinatensysteme nicht.

- Koordinatensystem iPhone/iPhone Retina: 480 x 320

- Koordinatensystem iPad/iPad Retina: 1024 x 768

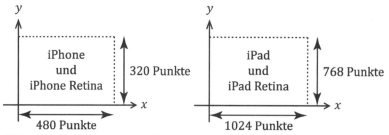

Bild 3.7: Koordinatensysteme der Gerätetypen

Die Nutzung des gleichen Koordinatensystems für die normale und die Retina-Version eines Geräts hat den unschätzbaren Vorteil, dass die Apps auf beiden Geräten gleich ablaufen. Lediglich die Pixeldichte ist höher, sodass die Elemente feiner dargestellt werden können.

3.1.3   Anpassungen für Android durchführen

Löschen Sie die Dateien *HelloWorldScene.h* und *HelloWorldScene.cpp* innerhalb des Ordners *Classes* in Ihrem Projektverzeichnis. Erstellen Sie nun die beiden Dateien *DoYourJobScene.h* und *DoYourJobScene.cpp*.

In die Datei *DoYourJobScene.h* kommen die folgenden Anweisungen. Zuerst definieren wir den Header und binden den Cocos2D-X-Bibliothek-Header ein.

```
#ifndef __DOYOURJOB_SCENE_H__
#define __DOYOURJOB_SCENE_H__

#include "cocos2d.h"
```

Nun wird die Klasse *DoYourJob* mit wichtigen Methoden deklariert:

```
class DoYourJob : public cocos2d::CCLayer {
  public:
    virtual bool init();
    static cocos2d::CCScene* scene();
    LAYER_CREATE_FUNC(DoYourJob);
};

#endif __DOYOURJOB_SCENE_H__
```

In die Datei *DoYourJobScene.cpp* kommen die Zeilen:

```
#include "DoYourJobScene.h"

USING_NS_CC;

CCScene* DoYourJob::scene() {
```

```
CCScene *scene = CCScene::create();
DoYourJob *layer = DoYourJob::create();
scene->addChild(layer);
return scene;
}


bool DoYourJob::init() {
  if (!CCLayer::init()) {
    return false;
  }
  CCSize size = CCDirector::sharedDirector()->getWinSize();
  bool isS2 = CCDirector::sharedDirector()->
    getWinSize().width == 800.0f;
  CCSprite *background;
  if (isS2) {
    background = CCSprite::create("Background-s2.png");
  } else {
    background = CCSprite::create("Background-s3.png");
  }
  background->setPosition(ccp(size.width / 2,
    size.height / 2));
  this->addChild(background, 0);
  return true;
}
```

Die Anweisung

```
CCSize size = CCDirector::sharedDirector()->getWinSize();
```

berechnet die Größe des Bildschirms. Der Ausdruck `size.width` liefert die Breite und der Ausdruck `size.height` die Höhe.

Um zu unterscheiden, ob es sich um ein Galaxy S2 oder ein Galaxy S3 handelt, deklarieren wir eine Variable `isS2`.

```
bool isS2 = CCDirector::sharedDirector()->getWinSize().width
        == 800.0f;
```

Nun müssen wir noch in der Datei *AppDelegate.cpp* einige Zeilen ändern. Die Zeile

```
#include "HelloWorldScene.h"
```

wird zu

```
#include "DoYourJobScene.h"
```

und die Zeile

```
CCScene *pScene = HelloWorld::scene();
```

wird zu

```
CCScene *pScene = DoYourJob::scene();
```

Hiernach bearbeiten wir die Datei *DoYourJob/proj.android/jini/Android.mk* mit einem Editor. Klicken Sie mit der rechten Maustaste auf *Android.mk*, starten Sie das Menü *Öffnen mit/anderem Programm* und wählen Sie einen Editor aus.

Aus der Zeile

```
../../Classes/HelloWorldScene.cpp
```

wird

```
../../Classes/DoYourJobScene.cpp
```

Auf diese Weise können Sie dieser Datei neue C++-Quelldateien, zum Beispiel für neue Szenen, hinzufügen.

Abschließend ändern wir noch in der Datei *DoYourJob/proj.android/jini/helloworld/main.cpp* die Zeile

```
#include "HelloWorldScene.h"
```

in

```
#include "DoYourJobScene.h"
```

Diese Datei muss alle Header-Dateien der einzelnen Szenen enthalten. Nun können wir das Projekt kompilieren und ausführen.

Durch diese Schritte ist eine klar strukturierte Klasse entstanden, um das Projekt Stück für Stück entwickeln zu können.

3.2   CCNode als Hauptelement verstehen

Die wichtigste Klasse für Cocos2D-Spiele ist CCNode. Alle Klassen für Spielelemente, die auf dem Bildschirm erscheinen, sind von CCNode abgeleitet, zum Beispiel CCScene (eine Szene des Spiels), CCLayer (eine Ebene in einer Szene) und CCSprite (ein Bild).

Die beiden Buchstaben CC am Anfang jedes Klassennamens sind eine Abkürzung für Cocos. Sie dienen dazu, dass es keine Überschneidungen mit den Klassen gibt, die in iOS standardmäßig zur Verfügung stehen.

Die Dokumentation zur Version 2.0 des Cocos2D-API finden Sie im Internet unter der Adresse:

http://www.cocos2d-iphone.org/api-ref

Die dort befindlichen Klassendiagramme mit ihren Beziehungen untereinander und die Dokumentation zum Zustand und Verhalten der einzelnen Klassen sind für ein tiefer gehendes Verständnis sehr wichtig.

3.2.1 Zustand von CCNode

- zOrder ist eine ganze Zahl zur Festlegung der Reihenfolge, in der CCNodes auf dem Bildschirm erscheinen. Zum Beispiel liegen CCNodes mit niedrigeren zOrder-Werten hinter CCNodes mit höheren zOrder-Werten.

```
- (NSInteger) zOrder [read, write, assign]
```

- rotation ist eine Gleitkommazahl zur Angabe des Drehwinkels des CCNode in Grad. Positive Winkel wirken im Uhrzeigersinn. Der Standardwert ist 0.0 (keine Drehung).

```
- (float) rotation [read, write, assign]
```

- scale ist eine Gleitkommazahl zur Angabe des Skalierungsfaktors in x- und in y-Richtung des CCNode. Zahlen größer als 1.0 wirken als Streckung und Zahlen kleiner als 1.0 als Stauchung. Der Standardwert ist 1.0 (keine Skalierung).

```
- (float) scale [read, write, assign]
```

- scaleX ist eine Gleitkommazahl zur Angabe des Skalierungsfaktors des CCNode in x-Richtung. Zahlen größer als 1 wirken als Streckung und Zahlen kleiner als 1 als Stauchung. Der Standardwert ist 1.0 (keine Skalierung in x-Richtung).

```
- (float) scaleX [read, write, assign]
```

- scaleY ist eine Gleitkommazahl zur Angabe des Skalierungsfaktors des CCNode in y-Richtung. Zahlen größer als 1 wirken als Streckung und Zahlen kleiner als 1 als Stauchung. Der Standardwert ist 1.0 (keine Skalierung in y-Richtung).

```
- (float) scaleY [read, write, assign]
```

- tag ist eine Ganzzahl zur Angabe einer ID-Nummer des CCNode. Mithilfe von Tags lassen sich zum Beispiel Freunde und Feinde in einem Spiel unterscheiden.

```
- (NSInteger) tag [read, write, assign]
```

- skewX ist eine Gleitkommazahl zur Angabe des Scherungswinkels des CCNode in x-Richtung in Grad. Es ist der Winkel zwischen der y-Achse und dem linken Rand des CCNode. Positive Winkel wirken im Uhrzeigersinn. Der Standardwert ist 0.0 (kein Scherungswinkel).

```
- (float) skewX [read, write, assign]
```

- skewY ist eine Gleitkommazahl zur Angabe des Scherungswinkels des CCNode in y-Richtung in Grad. Es ist der Winkel zwischen der x-Achse und dem unteren Rand des CCNode. Positive Winkel wirken entgegen dem Uhrzeigersinn. Der Standardwert ist 0.0 (kein Scherungswinkel).

```
- (float) skewY [read, write, assign]
```

- position ist ein CGPoint (Klasse für einen Punkt, der aus x- und y-Koordinate besteht) zur Angabe des Ortes des CCNode in einem Koordinatensystem. Der Punkt (0,0) kennzeichnet die linke untere Ecke des Koordinatensystems.

```
- (CGPoint) position [read, write, assign]
```

- children ist ein CCArray des CCNode mit allen Elementen, die zum CCNode gehören. Zum Beispiel kann ein CCLayer mehrere CCSprites enthalten, die in diesem CCArray gesammelt werden.

```
- (CCArray*) children [read, assign]
```

- anchorPoint ist ein CGPoint zur Verankerung des CCNode. Alle Angaben wie zum Beispiel rotation, position, scaleX, scaleY, scale, skewX, skewY wirken bezüglich dieses Punkts. Der Punkt (0, 0) kennzeichnet die linke untere Ecke und der Punkt (1, 1) die rechte obere Ecke des CCNode (1-mal die Bildbreite, 1-mal die Bildhöhe). Größere und kleinere Zahlen als 1 sind erlaubt und wirken prozentual. Zum Beispiel bedeutet der Punkt (0.5, 2), dass der Ankerpunkt beim Punkt (Hälfte der Bildbreite, doppelte Bildhöhe) liegt.

```
- (CGPoint) anchorPoint [read, write, assign]
```

3.2.2   Zustand von CGPoint

CGPoint ist eine Struktur zur Angabe von Punkten. Ein Punkt besteht aus einer x- und einer y-Koordinate.

- x ist eine Gleitkommazahl zur Angabe der x-Koordinate eines Punkts.

```
- (float) x [read, write]
```

- y ist eine Gleitkommazahl zur Angabe der y-Koordinate eines Punkts.

```
- (float) y [read, write]
```

Punkte des Typs CGPoint entstehen in Cocos2D mit dem Ausdruck

```
ccp(<Wert der x-Koordinate>,<Wert der y-Koordinate>)
```

zum Beispiel

```
ccp(430, 120)
```

für den Punkt (430,120) mit der x-Koordinate 430 und der y-Koordinate 120.

Diese abkürzende Schreibweise ist sehr hilfreich, weil Punkte überall in Spielen auftauchen.

3.2.3   Verhalten von CCNode

- `addChild` ist eine Methode zum Hinzufügen eines anderen CCNode.

```
- (void) addChild: (CCNode *) node
```

- `removeChild` ist eine Methode zum Entfernen des angegebenen CCNode. Laufende Aktionen werden abhängig vom cleanup-Wert angehalten.

```
- (void) removeChild: (CCNode *) node cleanup: (BOOL) cleanup
```

- `removeAllChildrenWithCleanup` ist eine Methode zum Entfernen aller bereits hinzugefügten CCNodes. Die laufenden Aktionen dieser CCNodes werden abhängig vom cleanup-Wert angehalten.

```
- (void) removeAllChildrenWithCleanup: (BOOL) cleanup
```

3.3   Bilder mit CCSprite anzeigen

Die `CCSprite`-Klasse ist von der CCNode-Klasse abgeleitet und erbt somit ihren Zustand und ihr Verhalten. Zusätzlich gibt es eine statische Methode zur Erzeugung eines `CCSprite`-Objekts.

- `spriteWithFile` ist eine statische Methode zur Erschaffung eines Bildes. Als Parameter verlangt sie einen Dateinamen.

```
+ (id) spriteWithFile: (NSString *) filename
```

Die Datei *DoYourJobLayer.m* enthält die Anweisung:

```
CCSprite *background
   = [CCSprite spriteWithFile:@"DoYourJob.png"];
```

Sie deklariert die lokale Variable `background` und weist ihr mit dem Ausdruck

```
[CCSprite spriteWithFile:@"DoYourJob.png"]
```

ein `CCSprite`-Objekt zu, dessen Bild aus der Datei *DoYourJob.png* stammt. iOS lädt an dieser Stelle abhängig vom Gerätetyp automatisch eine der vier Dateien *DoYourJob.png*, *DoYourJob-hd.png*, *DoYourJob-ipad.png* und *DoYourJob-ipadhd.png*.

Der Ausdruck zum Aufruf einer Methode hat den allgemeinen Aufbau:

```
[<Typ/Objekt> <Methode>]
```

Die Anweisung zur Initialisierung eines Objekts hat den allgemeinen Aufbau:

```
<Typ> *<Bezeichner> = [<Typ/Objekt> <Methode>];
```

Nun ist der CCSprite background initialisiert und enthält das Hintergrundbild. Die Anweisungen

```
background.anchorPoint = ccp(0, 0);
background.position = ccp(0, 0);
background.zOrder = 1;
```

legen den Zustand des CCSprite mithilfe der vererbten Mitglieder des CCNode fest.

Bilder haben standardmäßig den Ankerpunkt (0.5,0.5), sodass sich alle Transformationen auf die Bildmitte beziehen. Der Ankerpunkt des Hintergrundbilds kommt in die linke untere Ecke. Bei der Platzierung des Bilds kommt der Ankerpunkt in den Punkt (0,0) des Koordinatensystems CCNode, in dem der CCSprite später platziert wird. Als zOrder wird 1 festgelegt.

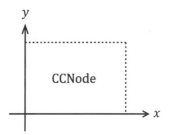

Bild 3.8: Koordinatensystem eines CCNode

Der Ausdruck zum Aufruf einer Eigenschaft hat den allgemeinen Aufbau:

```
<Objekt>.<Eigenschaft>
```

Die Anweisung zur Änderung einer Eigenschaft eines Objekts hat den allgemeinen Aufbau:

```
<Objekt>.<Eigenschaft> = <Ausdruck>;
```

Die Anweisungen stehen in der Ebene *DoYourJobLayer* der Szene *DoYourJobScene*. Mit self greifen wir auf die aktuelle Ebene zu. Die Anweisung

```
[self addChild:background];
```

fügt der Ebene das Hintergrundbild hinzu.

Nach der Ausführung erscheint das Hintergrundbild auf der Ebene.

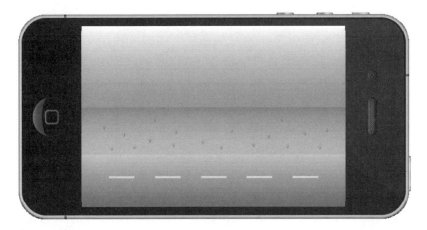

Bild 3.9: Hintergrundbild der Ebene

Die entsprechenden Anweisungen im Projekt *code/android_02* für Cocos2D-X sind:

```
CCSprite *background;
if (isS2) {
  background = CCSprite::create("Background-s2.png");
} else {
  background = CCSprite::create("Background-s3.png");
}
```

Um das Bild anzeigen zu können, müssen wir mit

```
background->setPosition(ccp(size.width / 2, size.height / 2));
```

seine Position festlegen und es anschließend mit

```
this->addChild(background, 1)
```

der Szene hinzufügen, wobei 1 der Wert für zOrder ist.

3.4   Bilder transformieren

Das Projekt im Ordner *code/ios_03* enthält einige Beispiele zur Transformation von Bildern.

Zum Zustand der Klasse CCSprite gehören zwei Eigenschaften für Spiegelungen.

- flipX gibt an, ob das Bild horizontal gespiegelt ist (true) oder nicht (false)

```
- (BOOL) flipX [read, write, assign]
```

* `flipY` gibt an, ob das Bild vertikal gespiegelt ist (true) oder nicht (false)

```
- (BOOL) flipY [read, write, assign]
```

Die Anweisungen

```
CCSprite *player
  = [CCSprite spriteWithFile:@"People_004.png"];
player.flipX = true;
if (isPhone) {
  player.position = ccp(32 / 2 + 8, 320 / 2);
} else {
  player.position = ccp(64 / 2 + 16, 768 / 2);
}
player.zOrder = 2;
[self addChild:player];
```

laden das Bild für den Officer, spiegeln es horizontal und platzieren es in der Mitte des linken Randes.

Die Version des Bildes für das iPhone ist 32 x 32 Pixel groß. 32 / 2 ist die Hälfte der Bildbreite. Um die Verschiebung des Officers mit dem Finger zu erleichtern, addieren wir noch 8 Pixel hinzu, sodass der Officer etwas weiter vom linken Rand entfernt ist.

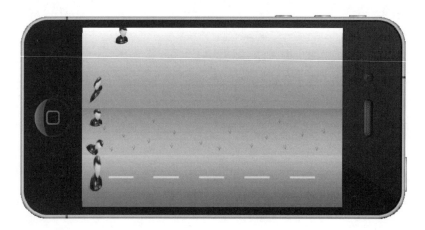

Bild 3.10: Transfomierte Bilder

Über und unter dem Officer befinden sich jeweils zwei transformierte Bilder. Sie entstehen mit den Anweisungen:

```
player = [CCSprite spriteWithFile:@"People_004.png"];
player.flipX = true;
if (isPhone) {
  player.position = ccp(32 / 2 + 8, 320 / 2 - 50);
```

```
} else {
  player.position = ccp(64 / 2 + 16, 768 / 2 - 120);
}
player.rotation = 45.0;
player.zOrder = 2;
[self addChild:player];
player = [CCSprite spriteWithFile:@"People_004.png"];
player.flipX = true;
if (isPhone) {
  player.position = ccp(32 / 2 + 8, 320 / 2 - 100);
} else {
  player.position = ccp(64 / 2 + 16, 768 / 2 - 240);
}
player.scaleY = 2.0;
player.zOrder = 2;
[self addChild:player];
player = [CCSprite spriteWithFile:@"People_004.png"];
player.flipX = true;
if (isPhone) {
  player.position = ccp(32 / 2 + 8, 320 / 2 + 50);
} else {
  player.position = ccp(64 / 2 + 16, 768 / 2 + 120);
}
player.skewY = 45.0;
player.zOrder = 2;
[self addChild:player];
player = [CCSprite spriteWithFile:@"People_004.png"];
player.flipX = true;
if (isPhone) {
  player.position = ccp(32 / 2 + 8, 320 / 2 + 100);
} else {
  player.position = ccp(64 / 2 + 16, 768 / 2 + 240);
}
player.anchorPoint = ccp(-1, -1);
player.zOrder = 2;
[self addChild:player];
```

- Das zweite Bild von unten ist um 45° im Uhrzeigersinn gedreht.

- Das erste Bild von unten ist in y-Richtung um den Faktor 2 gestreckt.

- Das zweite Bild von oben ist so transformiert, dass der Winkel zwischen der x-Achse und dem unteren Rand gegen den Uhrzeigersinn 45° beträgt.

- Beim ersten Bild von oben liegt der Ankerpunkt bei (-1,-1) und ist somit um eine Bildbreite nach links und eine Bildbreite nach unten verschoben. Hierdurch verschiebt sich das Bild bei der Platzierung auf dem Hintergrund um eine Bildbreite nach rechts und eine Bildbreite nach oben.

Die entsprechenden Anweisungen im Projekt *code/android_03* für Cocos2D-X sind:

```
CCSprite *player;
if (isS2) {
  player = CCSprite::create("People_004-s2.png");
} else {
  player = CCSprite::create("People_004-s3.png");
}
player->setFlipX(true);
if (isS2) {
  player->setPosition(ccp(48 / 2 + 12 , size.height / 2));
} else {
  player->setPosition(ccp(64 / 2 + 16 , size.height / 2));
}
this->addChild(player, 2);
if (isS2) {
  player = CCSprite::create("People_004-s2.png");
} else {
  player = CCSprite::create("People_004-s3.png");
}
player->setFlipX(true);
if (isS2) {
  player->setPosition(ccp(48 / 2 + 12, size.height / 2 - 60));
} else {
  player->setPosition(ccp(64 / 2 + 16, size.height / 2 - 80));
}
player->setRotation(45.0);
this->addChild(player, 2);
if (isS2) {
  player = CCSprite::create("People_004-s2.png");
} else {
  player = CCSprite::create("People_004-s3.png");
}
player->setFlipX(true);
if (isS2) {
  player->setPosition(ccp(48 / 2 + 12,
    size.height / 2 - 120));
} else {
  player->setPosition(ccp(64 / 2 + 16,
    size.height / 2 - 140));
}
player->setScaleY(2.0);
this->addChild(player, 2);
```

```
if (isS2) {
  player = CCSprite::create("People_004-s2.png");
} else {
  player = CCSprite::create("People_004-s3.png");
}
player->setFlipX(true);
if (isS2) {
  player->setPosition(ccp(48 / 2 + 12,
    size.height / 2 + 60));
} else {
  player->setPosition(ccp(64 / 2 + 16, size.height / 2 + 80));
}
player->setSkewY(45.0);
this->addChild(player, 2);
if (isS2) {
  player = CCSprite::create("People_004-s2.png");
} else {
  player = CCSprite::create("People_004-s3.png");
}
player->setFlipX(true);
if (isS2) {
  player->setPosition(ccp(48 / 2 + 12,
    size.height / 2 + 120));
} else {
  player->setPosition(ccp(64 / 2 + 16,
    size.height / 2 + 140));
}
player->setAnchorPoint(ccp(-1, -1));
this->addChild(player, 2);
```

4 Aktionen starten

In diesem Kapitel behandeln wir:

- die Typisierung von Aktionen
- selbst programmierte Aktionen
- den Start von Aktionen bei CCNodes
- die Komposition mehrerer Aktionen
- die zeitliche Steuerung von Aktionen

4.1 Aktionstypen überblicken

Die Hauptklasse für Aktionen ist CCAction. Hiervon sind Klassen für zeitlich gesteuerte Aktionen wie zum Beispiel Bewegungen, Drehungen und Überblendungen sowie plötzliche Aktionen wie zum Beispiel Spiegeln, Anzeigen und Verstecken abgeleitet.

4.1.1 Verhalten von CCAction

Die meisten Methoden der Klasse CCAction sollten nicht selbst aufgerufen werden, sondern immer über das Element, auf das die Aktion angewendet ist.

- action ist eine statische Methode zur Erschaffung einer Aktion, die keine weiteren Parameter benötigt.

```
+ (id) action
```

4.1.2 Abgeleitete Klassen von CCAction verwenden

Von CCAction sind die Klassen CCActionInstant für plötzliche Aktionen, die keine zeitliche Dauer haben, und CCActionInterval für zeitlich gesteuerte Aktionen, die in einem Zeitintervall ablaufen, abgeleitet.

Die folgende Tabelle enthält wichtige Klassen, die von `CCActionInstant` abgeleitet sind.

Klasse	Bedeutung
CCCallFuncN	eine selbst programmierte Aktion
CCFlipX	horizontale Spiegelung
CCFlipY	vertikale Spiegelung
CCHide	das Element verschwindet
CCPlace	das Element wird am angegebenen Ort platziert
CCShow	das Element erscheint
CCToggleVisibility	die Sichtbarkeit des Elements wird umgeschaltet (aus sichtbar wird unsichtbar, aus unsichtbar wird sichtbar)

Die Aktionen `CCFlipX`, `CCFlipY`, `CCHide`, `CCShow` und `CCToggleVisibility` benötigen keine besonderen Parameter, sodass eine Aktion durch den Ausdruck

```
[<Klasse> action]
```

mithilfe der statischen Methode `action` der Klasse `CCAction` entsteht.

Die Aktion `CCPlace` benötigt den Ort, an dem das Element erscheinen soll.

- `actionWithPosition` ist eine statische Methode zur Erschaffung einer CCPlace, die einen Ort als Parameter benötigt.

```
+ (id) actionWithPosition: (CGPoint) pos
```

Zum Beispiel liefert der Ausdruck

```
[CCPlace actionWithPosition:ccp(100, 200)]
```

eine Aktion, die ein Element beim Punkt (100, 200) platziert.

Die Aktion `CCCallFuncN` ist von `CCCallFunc` als Unterklasse von `CCAction` abgeleitet.

- `actionWithTarget` ist eine statische Methode zur Erschaffung einer `CCCallFuncN`, die eine Aktion für den angegebenen CCNode festlegt. Die Anweisungen stehen in einer separaten Methode, die als Selector übergeben wird.

```
+ (id) actionWithTarget: (id) t selector: (SEL) s
```

Zum Beispiel erschafft der Ausdruck

```
[CCCallFuncN actionWithTarget: <CCNode>
  selector: @selector(<Methode>:)]
```

eine Aktion, die auf den angegebenen CCNode wirkt und deren Anweisungen in der angegebenen Methode stehen. Diese Anweisungen kommen an anderer Stelle des Quellcodes in einen separaten Methodenblock.

```
-(void)<Methode>:(id)sender {
  // Anweisungen
}
```

Mithilfe der lokalen Variable `sender` können wir auf den `CCNode` zugreifen, zu dem die Aktion gehört.

Die folgende Tabelle enthält wichtige Klassen, die von `CCActionInterval` abgeleitet sind.

Klasse	Bedeutung
CCBezierBy, CCBezierTo, CCJumpBy, CCJumpTo, CCMoveBy, CCMoveTo	Bewegungen
CCScaleBy, CCScaleTo	Skalierungen
CCRotateBy, CCRotateTo	Drehungen
CCSkewBy, CCSkewTo	Scherungen
CCBlink	Blinkvorgänge
CCFadeIn, CCFadeOut, CCFadeTo	Einblend- und Ausblendvorgänge
CCTintBy, CCTintTo	Farbänderungen

Die Aktion `CCBezierTo` bewegt ein Element auf einer Bézierkurve.

- `actionWithDuration` ist eine statische Methode zur Erschaffung einer `CCBezierTo`, die ein Element auf einer Bézierkurve bewegt. Die angegebene Zeit ist eine Gleitkommazahl in Sekunden.

```
+ (id) actionWithDuration: (ccTime) t
  bezier: (ccBezierConfig) c
```

Eine Bézierkurve entsteht durch die Angabe von drei Punkten in einem geschweiften Klammerpaar:

```
{<Endpunkt>, <erster Kontrollpunkt>, <zweiter Kontrollpunkt>}
```

Die Aktion `CCJumpTo` bewegt ein Element auf parabelförmigen Bahnen, die wie Sprünge aussehen.

- `actionWithDuration` ist eine statische Methode zur Erschaffung einer `CCJumpTo`, die ein Element mit der Anzahl an Sprüngen und der Sprunghöhe zu einem Punkt bewegt. Die angegebene Zeit ist eine Gleitkommazahl in Sekunden.

```
+ (id) actionWithDuration: (ccTime) duration
  position :(CGPoint) position height :(ccTime) height
  jumps:(NSUInteger) jumps
```

Die Aktion `CCMoveTo` bewegt ein Element auf einer geraden Linie.

• `actionWithDuration` ist eine statische Methode zur Erschaffung einer `CCMoveTo`, die ein Element während der Zeit geradlinig zum angegebenen Punkt bewegt.

```
+ (id) actionWithDuration: (ccTime) duration
  position:(CGPoint) position
```

Zu den meisten `<Name>To`-Klassen gibt es `<Name>By`-Klassen. Sie bewegen ein Element zum Beispiel nicht zum angegebenen Punkt, sondern um die angegebene Strecke. Die Angaben wirken also nicht absolut, sondern relativ.

Die Aktion `CCMoveBy` bewegt ein Element auf einer geraden Linie.

• `actionWithDuration` ist eine statische Methode zur Erschaffung einer `CCMoveBy`, die ein Element während der angegebenen Zeit geradlinig um die angegebene Strecke bewegt.

```
+ (id) actionWithDuration: (ccTime) duration
  position: (CGPoint) deltaPosition
```

Zum Beispiel liefert der Ausdruck

```
[CCMoveTo actionWithDuration:5.0 position:ccp(100, 200)]
```

eine Aktion, die ein Element geradlinig zum Punkt (100, 200) bewegt und der Ausdruck

```
[CCMoveBy actionWithDuration:5.0 position:ccp(100, 200)]
```

eine Aktion, die ein Element geradlinig um 100 Punkte in x-Richtung und um 200 Punkte in y-Richtung bewegt.

Die weiteren Aktionen `CCScaleBy`, `CCScaleTo`, `CCRotateBy`, `CCRotateTo`, `CCSkewBy`, `CCSkewTo`, `CCBlink`, `CCFadeIn`, `CCFadeOut`, `CCFadeTo`, `CCTintBy` und `CCTintTo` haben ähnliche statische Methoden.

Das Projekt im Ordner *code/ios_04* enthält einige Beispiele zu Aktionen bei Bildern.

Die Anweisungen

```
CCSprite *terrorist =
  [CCSprite spriteWithFile:@"People_908.png"];
CGPoint startPoint;
if (isPhone) {
  startPoint = ccp(480 + 32 / 2, 320 / 2);
} else {
  startPoint = ccp(1024 + 64 / 2, 768 / 2);
}
CGPoint endPoint;
if (isPhone) {
  endPoint = ccp(-32 / 2, 320 / 2);
} else {
```

```
  endPoint = ccp(-64 / 2, 768 / 2);
}
terrorist.position = startPoint;
terrorist.zOrder = 3;
id actionPlace = [CCPlace actionWithPosition:startPoint];
id actionMoveTo;
id actionMoveBy;
id actionJumpTo;
id actionBezierTo;
id actionMoveEnded = [CCCallFuncN actionWithTarget:self
  selector:@selector(terroristEnded:)];
if (isPhone) {
  actionMoveTo = [CCMoveTo actionWithDuration:5.0
    position:endPoint];
  actionMoveBy = [CCMoveBy actionWithDuration:2.0
    position:ccp(-200, 100)];
  actionJumpTo = [CCJumpTo actionWithDuration:5.0
    position:endPoint height:50 jumps:5];
  ccBezierConfig config = {endPoint, ccp(350, 260),
    ccp(130, 60)};
  actionBezierTo = [CCBezierTo actionWithDuration:5.0
    bezier:config];
} else {
  actionMoveTo = [CCMoveTo actionWithDuration:5.0
    position:endPoint];
  actionMoveBy = [CCMoveBy actionWithDuration:2.0
    position:ccp(-400, 200)];
  actionJumpTo = [CCJumpTo actionWithDuration:5.0
    position:endPoint height:100 jumps:5];
  ccBezierConfig config = {endPoint, ccp(700, 550),
    ccp(300, 150)};
  actionBezierTo = [CCBezierTo actionWithDuration:5.0
    bezier:config];
}
```

laden das Bild für einen Terroristen und platzieren es in der Mitte am rechten Rand des Displays. Die zusätzliche Verschiebung um 32 / 2 oder 64 / 2 sorgt dafür, dass das Bild um die Hälfte seiner Breite über den Rand hinausgeschoben und somit nicht sichtbar ist. Dieser Ort ist der Startpunkt der Bewegung.

Die Mitte des linken Rands ist der Endpunkt der Bewegung, wobei das Bild auch hier um die Hälfte seiner Breite über den Rand hinausgeschoben und somit nicht sichtbar ist.

Anschließend entstehen die Aktionen actionPlace (das Bild kommt an den Startpunkt seiner Bewegung zurück), actionMoveTo (das Bild bewegt sich geradlinig von rechts nach links), actionMoveBy (das Bild bewegt sich gleichzeitig nach links und nach oben), actionJumpTo (das Bild springt parabelförmig mehrmals von rechts nach links), actionBezierTo (das Bild bewegt sich auf einer Bézierkurve von rechts nach links) und actionMoveEnded (das Bild wird aus dem CCNode und damit vom Bildschirm entfernt).

Die entsprechenden Anweisungen im Projekt *code/android_04* für Cocos2D-X sind:

```
CCSprite *terrorist;
if (isS2) {
  terrorist = CCSprite::create("People_908-s2.png");
} else {
  terrorist = CCSprite::create("People_908-s3.png");
}
CCPoint startPoint;
if(isS2) {
  startPoint = ccp(800 + 48 / 2, 480 / 2);
} else {
  startPoint = ccp(1280 + 64 / 2, 720 / 2);
}
CCPoint endPoint;
if (isS2) {
  endPoint = ccp(-48 / 2, 480 / 2);
} else {
  endPoint = ccp(-64 / 2, 720 / 2);
}
terrorist->setPosition(startPoint);
CCPlace *actionPlace = CCPlace::create(startPoint);
CCMoveTo *actionMoveTo;
CCMoveBy *actionMoveBy;
CCJumpTo *actionJumpTo;
CCBezierTo *actionBezierTo;
CCFiniteTimeAction *actionMoveEnded = CCCallFuncN::create
  (this, callfuncN_selector(DoYourJob::terroristEnded));
if (isS2) {
  actionMoveTo = CCMoveTo::create(5.0, endPoint);
  actionMoveBy = CCMoveBy::create(2.0, ccp(-300, 150));
  actionJumpTo = CCJumpTo::create(5.0, endPoint, 50, 5);
  ccBezierConfig config;
  config.endPosition = endPoint;
  config.controlPoint_1 = ccp(500, 350);
  config.controlPoint_2 = ccp(200, 100);
  actionBezierTo = CCBezierTo::create(5.0, config);
} else {
  actionMoveTo = CCMoveTo::create(5.0, endPoint);
  actionMoveBy = CCMoveBy::create(2.0, ccp(-400, 200));
  actionJumpTo = CCJumpTo::create(5.0, endPoint, 100, 5);
  ccBezierConfig config;
```

```
config.endPosition = endPoint;
config.controlPoint_1 = ccp(700, 550);
config.controlPoint_2 = ccp(300, 150);
actionBezierTo = CCBezierTo::create(5.0, config);
}
```

4.2   Aktionen ablaufen lassen

Die Klasse `CCNode` enthält Methoden zur Kontrolle der Aktionen.

* `runAction` ist eine Methode zum Starten der angegebenen Aktion:

  ```
  - (CCAction*) runAction: (CCAction *) action
  ```

* `stopAction` ist eine Methode zum Stoppen der angegebenen Aktion:

  ```
  - (void) stopAction: (CCAction *) action
  ```

* `stopAllActions` ist eine Methode zum Stoppen aller Aktionen, die gegenwärtig auf das CCNode wirken:

  ```
  - (void) stopAllActions
  ```

Aktionen können kontrolliert werden, indem wir sie als globale Variablen einrichten oder vorher mit einer ID-Nummer versehen.

* `tag` ist eine Ganzzahl in der `CCAction`-Klasse zur Identifizierung einer Aktion:

  ```
  - (NSInteger) tag [read, write, assign]
  ```

Mithilfe von zwei Methoden der Klasse CCNode lassen sich Aktionen per ID-Nummer ansprechen.

* `getActionByTag` ist eine Methode zur Ermittlung der Aktion zur angegebenen ID-Nummer:

  ```
  - (CCAction*) getActionByTag: (NSInteger) tag
  ```

* `stopActionByTag` ist eine Methode zum Stoppen der Aktion mit der angegebenen ID-Nummer:

  ```
  - (void) stopActionByTag: (NSInteger) tag
  ```

4.3 Mehrere Aktionen verknüpfen

Es gibt die Möglichkeit, eine Aktion einmal auszuführen, eine Aktion wiederholt auszuführen, mehrere Aktionen gleichzeitig zu starten oder mehrere Aktionen nacheinander zu starten.

Klasse	Verknüpfung
CCSpawn	mehrere Aktionen gleichzeitig ausführen
CCRepeat	eine Aktion mehrmals ausführen
CCRepeatForever	eine Aktion unendlich oft wiederholen
CCSequence	mehrere Aktionen nacheinander ausführen

Die vier Klassen sind selbst von CCAction abgeleitet und können somit beliebig ineinander verschachtelt werden. Eine CCSpawn kann also zwei CCSequences enthalten.

Zur Erschaffung einer CCSpawn ist eine Liste mit den einzelnen Aktionen nötig.

- actions ist eine statische Methode zur Erschaffung einer CCSpawn mit den angegebenen Aktionen. Am Ende der Liste muss zwingend nil stehen.

```
+ (id) actions: (CCFiniteTimeAction *) action1,
  NS_REQUIRES_NIL_TERMINATION
```

Eine CCRepeat verlangt eine Aktion und die Anzahl der Wiederholungen.

- actionWithAction ist eine statische Methode zur Erschaffung einer CCRepeat mit der angegebenen Aktion, die mit der angegebenen Anzahl wiederholt wird.

```
+ (id) actionWithAction: (CCFiniteTimeAction *) action
  times: (NSUInteger) times
```

Eine CCRepeatForever verlangt eine Aktion.

- actionWithAction ist eine statische Methode zur Erschaffung einer CCRepeatForever mit der angegebenen Aktion:

```
+ (id) actionWithAction: (CCActionInterval *) action
```

Zur Erschaffung einer CCSequence ist eine Liste mit den einzelnen Aktionen nötig.

- actions ist eine statische Methode zur Erschaffung einer CCSequence mit den angegebenen Aktionen. Am Ende der Liste muss zwingend nil stehen.

```
+ (id) actions: (CCFiniteTimeAction *) action1,
  NS_REQUIRES_NIL_TERMINATION
```

Die Anweisungen

```
[terrorist runAction:[CCSequence actions:actionMoveTo,
  actionPlace, actionMoveBy, actionPlace, actionJumpTo,
```

```
    actionPlace, actionBezierTo, actionMoveEnded, nil]];
[self addChild:terrorist];
```

erschaffen eine `CCSequence` mit den Aktionen `actionMoveTo`, `actionPlace`, `actionMoveBy`, `actionPlace`, `actionJumpTo`, `actionPlace`, `actionBezierTo` und `actionMoveEnded`, die bereits besprochen wurden. Dieses Objekt ist eine Aktion und kann somit vom Sprite mit dem Bild des Terroristen gestartet werden.

Bei der Ausführung der App bewegt sich der Terrorist von rechts nach links, gelangt zurück an den Startpunkt, bewegt sich schräg nach links oben, gelangt zurück an den Startpunkt, springt parabelförmig von rechts nach links, gelangt zurück an den Startpunkt und bewegt sich auf einer Bézierkurve von rechts nach links.

Bild 4.1: Bewegung eines Terroristen

Am Ende startet die Aktion `actionMoveEnded`, die zur Methode `terroristEnded` führt:

```
-(void)terroristEnded:(id)sender {
  [self removeChild:sender cleanup:YES];
}
```

Hier verschwindet der Terrorist vom Bildschirm.

Die entsprechenden Anweisungen für Cocos2D-X sind:

```
terrorist->runAction(CCSequence::create(
  actionPlace, actionMoveBy, actionPlace, actionJumpTo,
  actionPlace, actionBezierTo, actionMoveEnded, NULL));
addChild(terrorist,3);
```

Wenn alle Aktionen vorbei sind, wird die Methode `terroristEnded` aufgerufen. Hierzu fügen wir in der Datei *DoYourJobScene.h* die Zeile

```
void terroristEnded(CCNode* sender);
```

hinzu und implementieren die Methode in der Datei *DoYourJobScene.cpp*.

```
void DoYourJob::terroristEnded(CCNode *sender) {
  CCSprite *sprite = (CCSprite *) sender;
  this->removeChild(sprite, true);
}
```

4.4 Aktionen zeitlich steuern

Aktionen haben eine innere Uhr. Zum Beispiel findet die geradlinige Bewegung mit den Klassen CCMoveBy oder CCMoveTo gleichförmig statt, sodass das bewegte Element gleiche Strecken in gleichen Zeiträumen zurücklegt. Die Geschwindigkeit des Elements ist somit während des gesamten Ablaufs konstant.

Die innere Uhr einer Aktion kann verlangsamt oder beschleunigt werden. Hierfür gibt es verschiedene Klassen, die für bestimmte Geschwindigkeitsmuster zuständig sind:

CCEaseBackIn, CCEaseBackInOut, CCEaseBackOut, CCEaseBounce, CCEaseBounceIn, CCEaseBounceInOut, CCEaseBounceOut, CCEaseElastic, CCEaseElasticIn, CCEaseElasticInOut, CCEaseElasticOut, CCEaseExponentialIn, CCEaseExponentialInOut, CCEaseExponentialOut, CCEaseIn, CCEaseInOut, CCEaseOut, CCEaseRateAction, CCEaseSineIn, CCEaseSineInOut und CCEaseSineOut.

Alle Klassen sind von CCActionEase abgeleitet, die selbst eine Unterklasse von CCAction ist. Es handelt sich also um Aktionen.

• actionWithAction ist eine statische Methode zur Erschaffung einer CCActionEase mit der angegebenen Aktion.

```
  + (id) actionWithAction: (CCActionInterval *) action
```

Die ausgewählte Klasse bestimmt das Muster des zeitlichen Ablaufs.

Das Projekt im Ordner *code/ios_05* enthält ein Beispiel zu CCEaseExponentialInOut.

Die Anweisungen

```
id actionMoveBy;
if (isPhone) {
  actionMoveBy = [CCMoveBy actionWithDuration:2.0
    position:ccp(-110, 0)];
} else {
  actionMoveBy = [CCMoveBy actionWithDuration:2.0
    position:ccp(-220, 0)];
}
```

```
actionMoveBy = [CCRepeat
  actionWithAction:[CCEaseExponentialInOut
  actionWithAction:actionMoveBy] times:5];
[terrorist runAction:actionMoveBy];
```

sorgen dafür, dass sich der Terrorist fünfmal schubweise auf den Officer zubewegt. Bei jedem Schub startet er langsam, bewegt sich in der Mitte der Strecke sehr schnell und endet wieder fast in Ruhe.

Die entsprechenden Anweisungen im Projekt *code/android_05* für Cocos2D-X sind:

```
CCMoveBy *actionMoveBy = new CCMoveBy();
if (isS2) {
  actionMoveBy = CCMoveBy::create(2.0, ccp(-130, 0));
}
else {
  actionMoveBy = CCMoveBy::create(2.0, ccp(-220, 0));
}
actionMoveBy = CCRepeat::create(
  CCEaseExponentialInOut::create(actionMoveBy), 5);
terrorist->runAction(actionMoveBy);
```

5 Ereignisse verarbeiten

In diesem Kapitel behandeln wir:

- die Aktivierung der Ereignisverarbeitung durch den CCDirector
- die Methoden zur Reaktion auf verschiedene Ereignistypen

5.1 Ereignisverarbeitung aktivieren

Die Klasse CCDirector ist für die Erschaffung und Verwaltung des Hauptfensters der App, die Initialisierung von Open GL und das Management der Szenen veranwortlich.

- sharedDirector ist eine statische Methode zur Lieferung des CCDirector der App, die gerade ausgeführt wird.

```
+ (CCDirector *) sharedDirector
```

Das Projekt im Ordner *code/ios_06* enthält den Quellcode zur Reaktion auf Touch-Ereignisse. Die Anweisung

```
[[[CCDirector sharedDirector] touchDispatcher]
  addTargetedDelegate:self priority:0 swallowsTouches:YES];
```

aktiviert die Verarbeitung von Benutzereingaben über das Touch-Display.

Im Spiel *Euro Crisis LT* sind zwei verschiedene Benutzereingaben möglich:

- Der Officer wird durch einen Finger der linken Hand auf und ab bewegt. Dies ist ein TouchMoved-Ereignis, weil der Finger während der Bewegung nicht von der Oberfläche des Displays abgehoben werden darf.
- Ein Schuss fällt durch Berühren des Bildschirms mit einem Finger der rechten Hand. Dies ist ein TouchBegan-Ereignis.

Während der Spieler den Officer mit einem Finger bewegt, schießt er mit einem anderen Finger. Um die gleichzeitige Verarbeitung von zwei Ereignissen zu ermöglichen, muss die grafische Benutzeroberfläche für mehrfache Touch-Ereignisse freigeschaltet sein. Die Anweisung

```
[[[CCDirector sharedDirector] view]
  setMultipleTouchEnabled:TRUE];
```

erledigt dies. Ohne diese Anweisung wäre es nicht möglich, während der Bewegung des Officers zu schießen. Das TouchMoved-Ereignis würde den Bildschirm für TouchBegan-Ereignisse sperren.

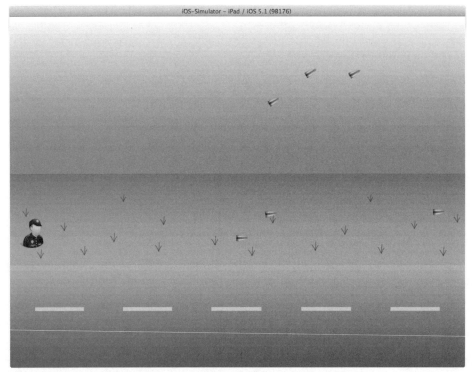

Bild 5.1: Bewegung des Officers und Abgabe von Schüssen

Die entsprechenden Anweisungen im Projekt *code/android_06* für Cocos2D-X sind:

```
CCDirector::sharedDirector()->getTouchDispatcher()->
  addTargetedDelegate(this, 1, true);
```

Multitouch ist bei Android automatisch aktiviert.

5.2   Ereignistypen unterscheiden

Cocos2D bietet Methoden für acht verschiedene Ereignistypen an.

- ccTouchBegan ist die Methode zur Reaktion auf ein Touch-Ereignis, das gerade beginnt:

```
+ (BOOL) ccTouchBegan: (UITouch *) touch
  withEvent: (UIEvent *) event
```

- `ccTouchEnded` ist die Methode zur Reaktion auf ein Touch-Ereignis, das gerade endet:

```
+ (void) ccTouchEnded: (UITouch *) touch
  withEvent: (UIEvent *) event
```

- `ccTouchMoved` ist die Methode zur Reaktion auf ein Touch-Ereignis, wobei der Finger über den Bildschirm bewegt wird:

```
+ (void) ccTouchMoved: (UITouch *) touch
  withEvent: (UIEvent *) event
```

- `ccTouchCancelled` ist die Methode zur Reaktion auf ein Touch-Ereignis, das annulliert wurde:

```
+ (void) ccTouchCancelled: (UITouch *) touch
  withEvent: (UIEvent *) event
```

Zu diesen vier Methoden gibt es jeweils eine Version, die aufgerufen wird, wenn mehrere Finger im Einsatz sind.

```
+ (BOOL) ccTouchesBegan: (NSSet *) touches
  withEvent: (UIEvent *) event
```

```
+ (void) ccTouchesEnded: (NSSet *) touches
  withEvent: (UIEvent *) event
```

```
+ (void) ccTouchesMoved: (NSSet *) touches
  withEvent: (UIEvent *) event
```

```
+ (void) ccTouchesCancelled: (NSSet *) touches
  withEvent: (UIEvent *) event
```

Um auf ein Ereignis zu reagieren, schreiben wir die Methodendeklaration in den Quellcode und füllen den Methodenrumpf mit den Anweisungen, die im Falle des Ereignisses ausgeführt werden sollen.

5.3 Auf Ereignisse reagieren

Im Folgenden werden die Methoden zur Reaktion auf Bewegungs- und Berührungsereignisse vorgestellt.

5.3.1   Auf Bewegungsereignisse reagieren

Um auf Bewegungsereignisse zu reagieren, kommt die Methode

```
-(void)ccTouchMoved:(UITouch *)touch
  withEvent:(UIEvent *)event {
  // Anweisungen
}
```

in den Quellcode.

Bei jeder Bewegung des Fingers auf dem Bildschirm werden die Anweisungen im Rumpf dieser Methode abgearbeitet.

Wenn der Spieler den Officer mit dem Finger bewegt hat, ermitteln wir zunächst den Ort, bei dem die Bewegung begonnen hat.

```
CGPoint oldTouchPoint = [self convertToNodeSpace:
  [[CCDirector sharedDirector] convertToGL:
  [touch previousLocationInView:touch.view]]];
```

Der Ausdruck

```
[touch previousLocationInView:touch.view]
```

liefert den anfänglichen Ort des Ereignisses auf der grafischen Benutzeroberfläche, der mit der Methode convertToGL in Koordinaten von Open GL und anschließend mit der Methode convertToNodeSpace in einen Punkt des Koordinatensystems des Geräts transformiert wird.

Anschließend ermitteln wir den Ort, bei dem die Bewegung endete.

```
CGPoint newTouchPoint = [self convertTouchToNodeSpace:touch];
```

Weil das Bild des Officers klein ist und der Spieler es später etwas leichter haben soll, legen wir einen größeren Rahmen um das Bild. Auf dem iPhone ist das Bild 32 x 32 Punkte und auf dem iPad 64 x 64 Punkte groß. Weil das Bild auf dem iPhone 8 Punkte und auf dem iPad 16 Punkte vom linken Rand entfernt ist, vergrößern wir den Bildbereich auf dem iPhone um 8 Punkte und auf dem iPad um 16 Punkte in alle vier Richtungen.

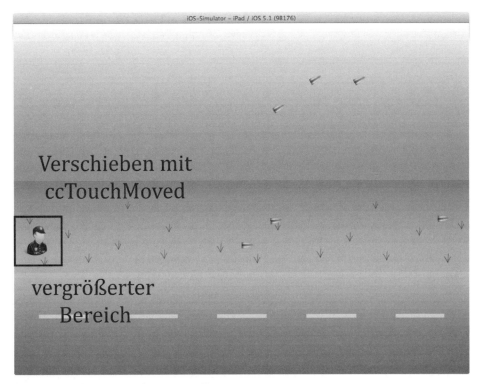

Bild 5.2: Sensitiver Bereich um den Officer

Wenn die x-Koordinate des Ortes `newTouchPoint` im Bereich von 0 bis 8 + 32 + 8 (der Officer bleibt immer in diesem vertikalen Streifen) und die y-Koordinate im Bereich von `player.position.y - 32` bis `player.position.y + 32` (y-Bereich des Officer-Bildes) liegt, verschieben wir das Bild des Officers. Auf dem iPad sind die Bereiche etwas anders.

```
if (isPhone) {
  if (newTouchPoint.x >= 0 &&
    newTouchPoint.x <= 8 + 32 + 8 &&
    newTouchPoint.y >= (player.position.y - 32) &&
    newTouchPoint.y <= (player.position.y + 32)) {
    // Verschiebung des Officers
  }
} else {
  if (newTouchPoint.x >= 0 &&
    newTouchPoint.x <= 16 + 64 + 16 &&
    newTouchPoint.y >= (player.position.y - 64) &&
    newTouchPoint.y <= (player.position.y + 64)) {
    // Verschiebung des Officers
  }
}
```

Um mit Punkten einfacher rechnen zu können, gibt es in Cocos2D ein paar Hilfsfunktionen:

- `ccpAdd` berechnet die Summe von zwei Punkten.

```
+ (CGPoint) ccpAdd(CGPoint, CGPoint)
```

- `ccpSub` berechnet die Differenz von zwei Punkten.

```
+ (CGPoint) ccpSub(CGPoint, CGPoint)
```

- `ccpMult` berechnet das Vielfache eines Punkts.

```
+ (CGPoint) ccpMult(CGPoint, CGFloat)
```

Es gibt noch weitere Funktionen, zum Beispiel zur Berechnung des Abstands von zwei Punkten oder des Winkels, den eine Strecke zwischen zwei Punkten mit der horizontalen Linie einschließt. Solche Berechnungen lassen sich jedoch besser selbst durchführen, weil hierbei zum Beispiel die Vorzeichenkontrolle bei Winkeln nicht verloren geht.

Zur Verschiebung des Officers berechnen wir die Differenz der Punkte `newTouchPoint` und `oldTouchPoint`, sodass die Verschiebung `distance` entsteht. Damit sich der Officer nicht in x-Richtung verschiebt, bekommt die x-Koordinate der Verschiebung den Wert 0. Nun wird die neue Position des Officers festgelegt, indem wir zur aktuellen Position die Verschiebung `distance` addieren.

```
CGPoint distance = ccpSub(newTouchPoint, oldTouchPoint);
distance.x = 0;
player.position = ccpAdd(player.position, distance);
```

Für Cocos2D-X müssen wir in der Datei *DoYourJobScene.h* die beiden Methoden

```
void ccTouchMoved(cocos2d::CCTouch* touch,
    cocos2d::CCEvent* event);
bool ccTouchBegan(cocos2d::CCTouch* touch,
    cocos2d::CCEvent* event);
```

deklarieren und noch die Methode

```
void playerBulletEnded(CCNode* sender);
```

um die Kugeln des Spielers vom Bildschirm zu entfernen.

Die Zeile

```
#include <math.h>
```

bindet die C++-Bibliothek für mathematische Berechnungen ein.

Nun implementieren wir alle Methoden in der Datei *DoYourJobScene.cpp*.

```
void DoYourJob::ccTouchMoved(CCTouch *touch,
  CCEvent *event) {
  CCPoint oldTouchPoint = CCDirector::sharedDirector()->
    convertToGL(touch->previousLocationInView());
  CCPoint newTouchPoint = CCDirector::sharedDirector()->
    convertToGL(touch->locationInView());
  if (isS2) {
    if (newTouchPoint.x >= 0 &&
      newTouchPoint.x <= 12 + 48 + 12 &&
      newTouchPoint.y >= (player->getPosition().y - 48) &&
      newTouchPoint.y <= (player->getPosition().y + 48)) {
      // Verschiebung des Officers
    }
  } else {
    if (newTouchPoint.x >= 0 &&
      newTouchPoint.x <= 16 + 64 + 16 &&
      newTouchPoint.y >= (player->getPosition().y - 64) &&
      newTouchPoint.y <= (player->getPosition().y + 64)) {
      // Verschiebung des Officers
    }
  }
}


void DoYourJob::ccTouchBegan(CCTouch* touch,
  CCEvent* event) {
    // Verschiebung des Officers
}


void DoYourJob::playerBulletEnded(CCNode* sender) {
  // Kugel des Spielers entfernen
}
```

Für die Verschiebung des Spielers sorgen die Anweisungen:

```
CCPoint distance = ccpSub(newTouchPoint, oldTouchPoint);
distance.x = 0;
player->setPosition(ccpAdd(player->getPosition(), distance));
```

5.3.2 Auf Berührungsereignisse reagieren

Um auf Berührungsereignisse zu reagieren, kommt die Methode

```
-(BOOL)ccTouchBegan:(UITouch *)touch
  withEvent:(UIEvent *)event {
  // Anweisungen
}
```

in den Quellcode.

Sobald ein Finger den Bildschirm berührt, werden die Anweisungen im Rumpf dieser Methode abgearbeitet.

Wenn der Spieler den Bildschirm mit einem Finger berührt, ermitteln wir den zugehörigen Ort.

```
CGPoint touchPoint = [self convertTouchToNodeSpace:touch];
```

Zur Vereinfachung der späteren Rechnungen geben die Koordinaten x1 und y1 den Ort des Officers an. Die Koordinaten x2 und y2 liefern den Ort von touchPoint.

```
float x1 = player.position.x;
float y1 = player.position.y;
float x2 = touchPoint.x;
float y2 = touchPoint.y;
```

Damit der Officer nicht senkrecht nach oben oder nach unten schießen kann, schränken wir den Bereich für die Schüsse ein.

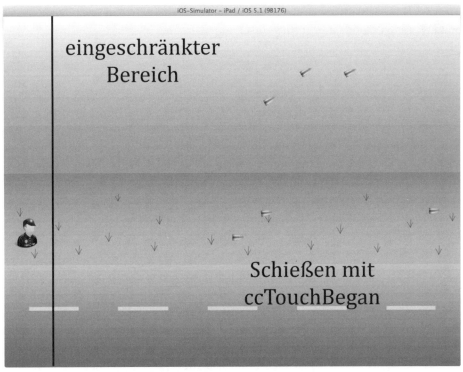

Bild 5.3: Sensitiver Bereich für die Schüsse

Wenn das TouchBegan-Ereignis im linken Streifen liegt, in dem sich der Officer bewegt, endet die Methode.

```
if (isPhone) {
  if (x2 >= 0 && x2 <= 8 + 32 + 8) {
    return TRUE;
  }
} else {
  if (x2 >= 0 && x2 <= 16 + 64 + 16) {
    return TRUE;
  }
}
```

Für die Flugweite des Geschosses gibt es die Variable width. Die Variable velocity enthält die Geschwindigkeit des Geschosses in Pixeln pro Sekunde.

```
float width;
float velocity;
```

Es ist am einfachsten, die Länge der Diagonalen des Bildschirms als maximale Flugweite des Geschosses festzulegen. Berechnungen, wo ein Geschoss den Bildschirm verlässt und wie lange es bis dahin fliegt, bleiben so erspart. Die Geschosse fliegen zwar außerhalb des Bildschirms weiter, sind aber nicht sichtbar.

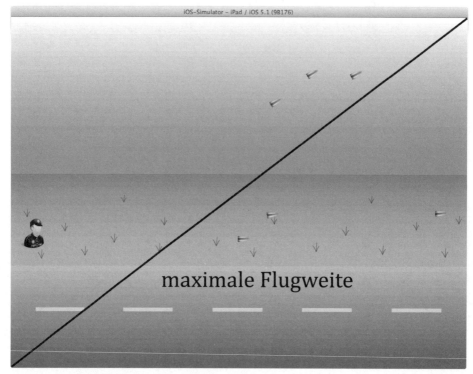

Bild 5.4: Maximale Flugweite eines Geschosses

Der Satz des Pythagoras berechnet die Länge der Diagonalen mit der Formel:

```
länge = wurzel von (breite hoch 2 + höhe hoch 2)
```

Das Geschoss soll nicht am Mittelpunkt des Officers, sondern etwas tiefer losfliegen, sodass y1 um 12 Pixel auf dem iPhone und um 24 Pixel auf dem iPad gesenkt wird.

Die Geschwindigkeit des Geschosses ist so festgelegt, dass es vom linken bis zum rechten Rand zwei Sekunden benötigt.

Die Anweisungen

```
if (isPhone) {
  y1 -= 12;
  width = sqrtf(480 * 480 + 320 * 320);
  velocity = 240.0;
} else {
```

```
 y1 -= 24;
 width = sqrtf(1024 * 1024 + 768 * 768);
 velocity = 512.0;
}
```

erledigen diese drei Dinge.

Nun laden wir das Bild des Geschosses, legen seine Position, den Schusswinkel und die zOrder-Reihenfolge fest und fügen es der Ebene hinzu.

```
CCSprite *bullet = [CCSprite spriteWithFile:@"Bullet_01.png"];
bullet.position = ccp(x1, y1);
bullet.rotation = -atanf((y2 - y1) / (x2 - x1))
  / 6.2832 * 360;
bullet.zOrder = 3;
[self addChild:bullet];
```

Der Winkel ist der inverse Tangens der Steigung der Schussgeraden. Die Steigung ist der Quotient aus den Differenzen der y-Koordinaten und der x-Koordinaten der Punkte auf der Schussgeraden:

```
winkel = inverser tangens von (delta y / delta x)
```

Bei der Berechnung des inversen Tangens entsteht ein Winkel im Bogenmaß, der in Grad umgerechnet werden muss. Hierzu teilen wir durch den doppelten Wert von Pi und multiplizieren mit 360.

Das Minuszeichen ist wichtig, weil der Winkel bei der Drehung eines CCNodes im Uhrzeigersinn wirkt. Bei einer positiven Steigung entsteht ein positiver Winkel, der aber gegen den Uhrzeigersinn wirken soll.

Als Aktion legen wir eine CCSequence fest, die aus einer Bewegung CCMoveBy längs einer Strecke und dem anschließenden Entfernen des Geschosses mithilfe einer CCCallFuncN besteht.

```
CGPoint deltaPosition = ccp(x2 - x1, y2 - y1);
deltaPosition = ccpMult(deltaPosition,
  width / sqrtf(deltaPosition.x * deltaPosition.x
  + deltaPosition.y * deltaPosition.y));
float time = width / velocity;
[bullet runAction:[CCSequence actions:
  [CCMoveBy actionWithDuration:time
  position: deltaPosition],
  [CCCallFuncN actionWithTarget:self
  selector:@selector(playerBulletEnded:)], nil]];
return TRUE;
```

Für die Bewegung des Geschosses berechnen wir die Differenz der Punkte zwischen dem Abschussort beim Officer und dem Ort der Berührung. Dieser Vektor muss anschließend mithilfe von `ccpMult` auf die Länge der maximalen Flugweite gebracht werden. Der Streckfaktor ist der Quotient aus der maximalen Flugweite und der Länge des Vektors.

Die Flugzeit `time` ergibt sich als Quotient aus der maximalen Flugweite und der eingestellten Geschwindigkeit.

Der abschließende Aufruf der Methode

```
-(void)playerBulletEnded:(id)sender {
  [self removeChild:sender cleanup:YES];
}
```

ist sehr wichtig, damit die Geschosse wieder von der Ebene verschwinden. Ansonsten würden sich Tausende Geschosse außerhalb des Bildschirms sammeln, die später die Leistung des Spiels herabsetzen. Erst wenn die Ebene bei einem Szenenwechsel nicht mehr gebraucht wird, würden die Geschosse beseitigt.

Die entsprechenden Anweisungen für Cocos2D-X sind:

```
bool DoYourJob::ccTouchBegan(CCTouch* touch, CCEvent*) {
  CCPoint touchPoint =
    CCNode::convertTouchToNodeSpace(touch);
  float x1 = player->getPosition().x;
  float y1 = player->getPosition().y;
  float x2 = touchPoint.x;
  float y2 = touchPoint.y;
  float width;
  float velocity;
  if (isS2) {
    if (x2 >= 0 && x2 <= 12 + 48 + 12) {
      return true;
    }
  } else {
    if (x2 >= 0 && x2 <= 16 + 64 + 16) {
      return true;
    }
  }
  if (isS2) {
    y1 -= 12;
    width = sqrt(800 * 800 + 480 * 480);
    velocity = 400.0;
  } else {
    y1 -= 24;
    width = sqrt(1280 * 1280 + 720 * 720);
    velocity = 640.0;
  }
  CCSprite *bullet;
```

```
if (isS2) {
  bullet = CCSprite::create("Bullet_01-s2.png");
} else {
  bullet = CCSprite::create("Bullet_01-s3.png");
}
bullet->setPosition(ccp(x1, y1));
bullet->setRotation(-atan((x2 - y1) / (x2 - x1)) / 6.2832
  * 360);
this->addChild(bullet,3);
CCPoint deltaPosition = ccp(x2 - x1, y2 - y1);
deltaPosition = ccpMult(deltaPosition,
  width / sqrt(deltaPosition.x * deltaPosition.x +
  deltaPosition.y * deltaPosition.y);
float time = width / velocity;
bullet->runAction(CCSequence::create(
  CCMoveBy::create(time, deltaPosition),
  CCCallFuncN::create(this, callfuncN_selector(
  DoYourJob::playerBulletEnded),
  NULL));
}
```

Die Methode `playerBulletEnded` ist:

```
void DoYourJob::playerBulletEnded(CCNode *sender) {
  CCSprite *sprite = (CCSprite *) sender;
  this->removeChild(sprite, true);
}
```

6 Musik abspielen

In diesem Kapitel behandeln wir:

- den Start des Soundplayers beim Ladevorgang einer App
- den Umgang mit Benutzereinstellungen
- das Abspielen von Hintergrundmusik und Soundeffekten

6.1 Den Soundplayer starten

Die Initialisierung des Soundplayers in Cocos2D dauert ein paar Sekunden, sodass dies nicht erst beim Auftreten des ersten Soundeffekts, sondern bereits beim Laden der App stattfinden sollte. Hierzu laden wir vorab einen kleinen Soundeffekt in den Speicher.

Das Projekt im Ordner *code/ios_07* auf www.buch.cd enthält ein Beispiel zum Abspielen einer Hintergrundmusik und eines Soundeffekts.

In der Datei *AppDelegate.m* steht am Anfang die Zeile

```
#import "SimpleAudioEngine.h"
```

damit die Methoden des Soundplayers zur Verfügung stehen.

`SimpleAudioEngine` bietet die Möglichkeit, Hintergrundmusik und Soundeffekte über Methoden zu starten, ohne sich mit speziellen Einstellungen auskennen zu müssen. Im Hintergrund greift der Soundplayer für Hintergrundmusik auf den AVAudioPlayer von Apple und für Soundeffekte auf die CDSoundEngine von CocosDenshion in Cocos2D zu.

iOS unterstützt die Audioformate CAFF (Core Audio File Format) und AIFF (Audio Interchange File Format) nativ, kann aber auch mit WAV, AAC und MP3 umgehen. Das Format AIFF bietet den Vorteil, Sounds in Schleifen nahtlos aneinanderzusetzen zu können. Dies funktioniert nicht bei allen Audioformaten störungsfrei.

- `sharedEngine` ist eine statische Methode zur Lieferung der `SimpleAudioEngine` der App, die gerade ausgeführt wird.

  ```
  + (SimpleAudioEngine*) sharedEngine
  ```

- `preloadEffect` ist eine Methode zum Laden eines Soundeffekts in den Speicher.

  ```
  - (void) preloadEffect: (NSString *) filePath
  ```

Die Anweisung

```
[[SimpleAudioEngine sharedEngine] preloadEffect:@"Shot.aiff"];
```

lädt den Soundeffekt in der Datei *Shot.aiff*. Beim ersten Ladevorgang wird die `SimpleAudioEngine` initialisiert und steht später ohne weitere Verzögerungen zur Verfügung.

6.2 Benutzereinstellungen respektieren

Die Klasse `NSUserDefaults` bietet eine einfache Möglichkeit, Benutzereinstellungen dauerhaft zu speichern, ohne Dateien lesen oder schreiben zu müssen. Erst wenn die App vom Gerät gelöscht wird, gehen solche Benutzereinstellungen verloren.

- `standardUserDefaults` ist eine statische Methode zur Ermittlung der Benutzereinstellungen der App, die gerade ausgeführt wird.

```
+ (NSUserDefaults *) standardUserDefaults
```

Kurz vor dem Start der Szene DoYourJobScene in *AppDelegate.m* steht die Anweisung

```
NSUserDefaults *defaults =
  [NSUserDefaults standardUserDefaults];
```

Zum Einrichten und Abfragen von Benutzereinstellungen gibt es Methoden, die auf bestimmte Datentypen zugeschnitten sind. Wichtig ist, dass alle Objekte für Benutzereinstellungen unveränderbar werden, auch wenn ein explizit veränderbares Objekt, zum Beispiel ein `NSMutableArray`, gespeichert wird.

- `setBool` ist eine Methode zum Festlegen einer Benutzereinstellung mit dem angegebenen Namen, die einen der Werte true oder false annimmt.

```
+ (void) setBool:(BOOL) forKey:(NSString *)
```

- `setObject` ist eine Methode zum Festlegen einer Benutzereinstellung mit dem angegebenen Namen, die ein Objekt ist.

```
+ (void) setObject:(id) forKey:(NSString *)
```

- `boolForKey` ist eine Methode zum Abfragen einer Benutzereinstellung mit dem angegebenen Namen, die einen der Werte true oder false annimmt.

```
+ (BOOL) boolForKey:(NSString *)
```

- `objectForKey` ist eine Methode zum Abfragen einer Benutzereinstellung mit dem angegebenen Namen, die ein Objekt ist.

```
+ (void) objectForKey:(NSString *)
```

Die Anweisungen

```
if ([defaults objectForKey:@"isMusicOn"] == nil) {
  [defaults setBool:true forKey:@"isMusicOn"];
}
if ([defaults objectForKey:@"isSoundOn"] == nil) {
  [defaults setBool:true forKey:@"isSoundOn"];
}
```

richten die Benutzereinstellungen `isMusicOn` und `isSoundOn` ein. Wenn die Einstellungen bereits existieren, geschieht nichts, damit die Einstellungen der letzten App-Benutzung nicht überschrieben werden. Wenn eine Einstellung den Wert `nil` hat, weil sie noch nicht angelegt ist, richten wir sie ein und geben ihr einen Standardwert. Beide Werte sind true, weil Hintergrundmusik und Soundeffekte standardmäßig ablaufen sollen. Bei den Optionen im Spiel kann der Benutzer diese Werte später dauerhaft ändern.

Für Cocos2D-X im Projekt *code/android_07* müssen wir die Zeilen

```
#include "SimpleAudioEngine.h"
using namespace CocosDenshion
```

in der Datei *AppDelegate.h* hinzufügen, um die Klasse `SimpleAudioEngine` verwenden zu können.

Sound-Dateien müssen in den Formaten WAV oder MP3 vorliegen.

Die Anweisung

```
SimpleAudioEngine::sharedEngine()->preloadEffect("Shot.wav");
```

lädt einen Sound.

Die Benutzereinstellungen erhalten wir mithilfe der Klasse `CCUserDefault`.

```
if(CCUserDefault::sharedUserDefault()->
  getBoolForKey("isMusicOn") == NULL)) {
  CCUserDefault::sharedUserDefault()->
  setBoolForKey("isMusicOn", true);
}
if(CCUserDefault::sharedUserDefault()->
  getBoolForKey("isSoundOn") == NULL) {
  CCUserDefault::sharedUserDefault()->
  setBoolForKey("IsSoundOn", true);
}
```

6.3   Sound abspielen

Es kann sein, dass der Benutzer bereits seine eigene Hintergrundmusik abspielt, zum Beispiel über die iPod-App. Wenn eine andere App ihre eigene Hintergrundmusik startet, wird die Hintergrundmusik des Benutzers beendet und durch die Hintergrundmusik der App ersetzt.

Für das Management der Hintergrundmusik gibt es zwei Möglichkeiten:

- Wenn die zugehörige Option im Spiel den Wert true hat, wird die Hintergrundmusik des Benutzers beendet und die Hintergrundmusik der App gestartet.

- Wenn die zugehörige Option im Spiel den Wert false hat, startet die Hintergrundmusik der App nicht und die Hintergrundmusik des Benutzers läuft weiter.

Wenn die App zum ersten Mal gestartet wird, gibt es die Option noch nicht. Wenn der Benutzer eine Hintergrundmusik abspielt, können wir die Option im Spiel bei der Einrichtung automatisch auf false setzen und somit verhindern, dass die App die Hintergrundmusik abbricht.

Es ist üblich, dass der Spieler beim ersten Start einer App das Spiel komplett sehen soll und sowohl die Hintergrundmusik als auch die Soundeffekte anschließend bei den Optionen an- und ausstellen kann. Diese Optionen sollten daher unbedingt ins Spiel integriert werden. Allerdings muss man sich dessen bewusst sein, dass es eventuell zur Politik einiger App Stores gehört, dass der Benutzer vorher gefragt werden soll, ob die Hintergrundmusik der App starten darf. Wenn eine App die Hintergrundmusik eines Benutzers abbricht, kann sie vom Store abgelehnt werden.

- isBackgroundMusicPlaying ist eine Methode zur Ermittlung, ob bereits eine Hintergrundmusik läuft.

```
- (BOOL) isBackgroundMusicPlaying
```

- playBackgroundMusic ist eine Methode zum Abspielen einer Hintergrundmusik mit dem angegebenen Dateinamen. Beim Wert true spielt die Musik in einer Endlosschleife.

```
- (void) playBackgroundMusic: (NSString *) filePath
  loop: (BOOL) loop
```

- pauseBackgroundMusic ist eine Methode zum Pausieren der Hintergrundmusik.

```
- (void) pauseBackgroundMusic
```

- resumeBackgroundMusic ist eine Methode zum Wiederaufnehmen der Hintergrundmusik.

```
- (void) resumeBackgroundMusic
```

- stopBackgroundMusic ist eine Methode zum Anhalten der Hintergrundmusik.

```
- (void) stopBackgroundMusic
```

Die `SimpleAudioEngine` mischt Hintergrundmusik und Soundeffekte automatisch zusammen.

- `playEffect` ist eine Methode zum Abspielen eines Soundeffekts mit dem angegebenen Dateinamen.

```
- (ALuint) playEffect: (NSString *) filePath
```

- `stopEffect` ist eine Methode zum Anhalten eines Soundeffekts mit der angegebenen ID-Nummer.

```
- (void) stopEffect: (ALuint) soundId
```

In der Methode zur Initialisierung der Ebene `DoYourJobLayer` startet die Anweisung

```
if ([[NSUserDefaults standardUserDefaults]
  boolForKey:@"isMusicOn"]) {
  [[SimpleAudioEngine sharedEngine]
    playBackgroundMusic:@"Blues.aiff" loop:YES];
}
```

die Hintergrundmusik *Blues.aiff* in einer Endlosschleife, wenn die Benutzereinstellung `isMusicOn` den Wert true hat.

In der Methode `ccTouchBegan` spielt der Sound *Shot.aiff*, wenn ein Schuss fällt und die Benutzereinstellung `isSoundOn` den Wert true hat.

```
if ([[NSUserDefaults standardUserDefaults]
  boolForKey:@"isSoundOn"]) {
  [[SimpleAudioEngine sharedEngine]
    playEffect:@"Shot.aiff"];
}
```

Wenn die Szene verlassen wird und die Ebene nicht mehr nötig ist, sorgt die Anweisung

```
if ([[NSUserDefaults standardUserDefaults]
  boolForKey:@"isMusicOn"]) {
  [[SimpleAudioEngine sharedEngine] stopBackgroundMusic];
}
```

in der Methode `dealloc` dafür, dass die Hintergrundmusik anhält.

Die entsprechenden Anweisungen für Cocos2D-X sind:

```
if(CCUserDefault::sharedUserDefault()->getBoolForKey(
  "isSoundOn")) {
  SimpleAudioEngine::sharedEngine()->preloadEffect(
    "Shot.wav");
}
if(CCUserDefault::sharedUserDefault()->getBoolForKey(
  "isMusicOn")) {
```

```
SimpleAudioEngine::sharedEngine()->playBackgroundMusic(
  "Blues.wav", true);
}
```

Nun müssen wir in der Datei *AppDelegate.cpp* die Kommentarzeichen vor zwei Zeilen löschen, damit die Hintergrundmusik unterbricht, wenn das Spiel minimiert wird, und weiterläuft, wenn es wieder startet. In der Methode

```
void AppDelegate::applicationDidEnterBackground() {
  CCDirector::sharedDirector()->stopAnimation();
  // SimpleAudioEngine::sharedEngine()
    ->pauseBackgroundMusic();
}
```

muss der Kommentar gelöscht werden, sodass die Zeile

```
SimpleAudioEngine::sharedEngine()
  ->pauseBackgroundMusic();
```

entsteht.

Das Löschen des Kommentars muss auch in der Methode

```
void AppDelegate::applicationWillEnterForeground() {
  // Anweisungen
}
```

durchgeführt werden.

An den Anfang der Methode ccTouchBegan kommen die Zeilen

```
if (CCUserDefault::sharedUserDefault()->getBoolForKey(
  "isSoundOn") {
  SimpleAudioEngine::sharedEngine()->playEffect("Shot.wav");
}
```

7 Ebenen beschriften

In diesem Kapitel behandeln wir:

- das Anzeigen von Texten mit Zeichen aus TrueType-Fonts auf dem Bildschirm

- die Produktion eigener Zeichensammlungen mit dem Glyph Designer

- das Anzeigen von Texten mit selbst gestalteten Zeichen

- wie Etiketten mit Zählerständen aktualisiert werden

7.1 Etiketten anzeigen

Die einfachste Möglichkeit, einen Text auf einer Ebene anzuzeigen, bietet die Klasse `CCLabelTTF`. Sie hat aber den Nachteil, sehr langsam zu sein, weil ein Objekt bei jedem Update des Textes vollständig neu erzeugt wird. Somit sollte die Klasse nicht für laufende Zähler in Spielen verwendet werden.

- `labelWithString` ist eine statische Methode zur Erschaffung eines `CCLabelTTF`. Sie erhält einen Text, eine Größe, eine horizontale Ausrichtung, eine vertikale Ausrichtung, eine Textumbruchsart, einen Namen für einen TrueType-Font und eine Schriftgröße als Parameter.

```
+ (id) labelWithString: (NSString *) string
  dimensions: (CGSize) dimensions
  hAlignment: (CCTextAlignment) hAlignment
  vAlignment: (CCTextAlignment) vAlignment
  lineBreakMode: (CCLineBreakMode) lineBreakMode
  fontName: (NSString *) name fontSize: (CGFloat) size
```

Zur Angabe einer Größe gibt es eine Hilfsfunktion.

- `CGSizeMake` liefert eine Größe, die aus einer Breite und einer Höhe besteht.

```
+ (CGSize) CGSizeMake(CGFloat, CGFloat)
```

Als Textausrichtung sind alle bekannten Konstanten aus dem UIKit von iOS erlaubt, zum Beispiel `UITextAlignmentCenter`.

Als Textumbruchsart können wir ebenso alle bekannten Konstanten aus dem UIKit wählen, zum Beispiel `UILineBreakModeWordWrap`.

iOS kennt viele der üblichen Schriftarten, zum Beispiel Arial, Courier, Helvetica und Verdana. Mit jeder iOS-Version kommen neue Schriftarten hinzu. Eigene Schriftarten können auch benutzt werden. Die zugehörige TTF-Datei muss dann allerdings im Projekt vorhanden sein.

Die Klasse `CCNode` ist von `CCSprite` abgeleitet und erbt zwei Eigenschaften, die bei Beschriftungen eine wichtige Rolle spielen.

- `opacity` legt die Transparenzstufe der Beschriftung mit einem ganzzahligen Wert von 0 bis 255 fest. 0 kennzeichnet vollständige Transparenz und 255 vollständige Bedeckung.

```
- (GLubyte) opacity [read, write, assign]
```

- `color` bestimmt die Farbe der Beschriftung.

```
- (ccColor3B) color [read, write, assign]
```

Zur Angabe einer Farbe gibt es eine Hilfsfunktion:

- `ccc3` liefert eine RGB-Farbe mit drei Werten von 0 bis 255 für den Rotanteil, für den Grünanteil und für den Blauanteil. 0 bedeutet, dass ein Farbanteil nicht vorhanden ist, und 255, dass ein Farbanteil vollständig vorhanden ist.

```
- (ccColor3B) ccc3(GLubyte, GLubyte, GLubyte)
```

Das Projekt im Ordner *code/ios_08* enthält ein Beispiel für eine Beschriftung zur Begrüßung des Spielers, die mitten auf dem Bildschirm erscheint und danach langsam ausgeblendet wird.

Bild 7.1: Text zur Begrüßung

Die Anweisungen

```
CCLabelTTF *label;
if (isPhone) {
  label = [CCLabelTTF labelWithString:
    @"Herzlich willkommen beim Spiel Euro Crisis LT!"
    dimensions:CGSizeMake(480 / 2, 320 / 2)
    hAlignment:UITextAlignmentCenter
    vAlignment:UITextAlignmentCenter
    lineBreakMode:UILineBreakModeWordWrap
    fontName:@"Verdana" fontSize:24];
  label.position = ccp(480 / 2, 320 / 2);
} else {
  label = [CCLabelTTF labelWithString:
    @"Herzlich willkommen beim Spiel Euro Crisis LT!"
    dimensions:CGSizeMake(1024 / 2, 768 / 2)
    hAlignment:UITextAlignmentCenter
    vAlignment:UITextAlignmentCenter
    lineBreakMode:UILineBreakModeWordWrap
    fontName:@"Verdana" fontSize:48];
  label.position = ccp(1024 / 2, 768 / 2);
}
label.zOrder = 2;
```

erschaffen das `CCLabelTTF` mit der Beschriftung auf einem Etikett mit der halben Breite und Höhe des Bildschirms. Der Text erscheint zentriert in der Schriftart Verdana mit der Größe 24 oder 48. Zu lange Wörter werden automatisch umgebrochen.

Die Beschriftung erscheint in roter Farbe (Rotanteil mit 255 vollständig vorhanden, kein Grünanteil, kein Blauanteil). Die Farbe ist vollständig deckend.

```
label.color = ccc3(255, 0, 0);
label.opacity = 255;
```

Um die Schrift auszublenden, starten wir eine Aktion `CCFadeOut`, die zwei Sekunden lang dauert.

```
[label runAction:[CCFadeOut actionWithDuration:2]];
[self addChild:label];
```

Abhängig von der Größe des Bildschirms kommt es zu unterschiedlichen Textumbrüchen. Mit mehreren `CCLabelTTF` kann dies besser gesteuert werden.

Bild 7.2: Variabler Textumbruch

Die entsprechenden Anweisungen im Projekt *code/android_08* für Cocos2D-X sind:

```
CCLabelTTF *label;
if (isS2) {
  label = label::create(
    "Herzlich willkommen beim Spiel Euro Crisis LT!",
    CCSize(800 / 2, 480 / 2),
    kCCTextAlignmentCenter,
    kccVerticalTextAlignmentCenter,
    "Verdana",
    36.0f);
  label->setPosition(ccp(800 / 2, 480 / 2));
} else {
```

```
label = label::create(
   "Herzlich willkommen beim Spiel Euro Crisis LT!",
   CCSize(1280 / 2, 720 / 2),
   kCCTextAlignmentCenter,
   kccVerticalTextAlignmentCenter,
   "Verdana",
   48.0f);
  label->setPosition(ccp(1280 / 2, 720 / 2));
}
label->setColor(ccc3(255, 0, 0));
label->setOpacity(255);
label->runAction(CCFadeOut::create(2));
this->addChild(label, 3);
```

7.2 Etiketten mit eigenen Zeichen gestalten

Im Folgenden wird gezeigt, wie eigene Zeichen für Etiketten gestaltet und eingesetzt werden.

7.2.1 Zeichen mit dem Glyph Designer gestalten

Der Glyph Designer mit der Homepage *http://glyphdesigner.71squared.com* ist eine Software, um eigene Zeichensätze zu gestalten, diese in besonderen Dateien zu speichern und in Cocos2D zu laden.

Bild 7.3: Eigene Zeichen mit dem Glyph Designer

Auf der linken Seite der grafischen Benutzeroberfläche wählen wir einen Zeichensatz aus und stellen die Größe der Zeichen ein. Auf der rechten Seite legen wir besondere Eigenschaften der Zeichen fest, zum Beispiel einen Farbverlauf im Inneren, eine Farbe und eine Dicke des Randes, einen Schattenwurf und einen Zwischenraum zwischen den Zeichen.

Weiterhin werden im rechten Bereich ganz unten alle Zeichen angegeben, die später benutzt werden, zum Beispiel Buchstaben, Zahlen, Satzzeichen und Währungssymbole. Wie die einzelnen Zeichen mit den eingestellten Eigenschaften aussehen, zeigt der mittlere Bereich.

Der Glyph Designer speichert alle Angaben in besonderen Dateien mit der Erweiterung *.GlyphProject*. Für eine App unter iOS müssen wir für alle vier Geräte Zeichensätze mit den charakteristischen Endungen erstellen, zum Beispiel *Typewriter_01*, *Typewriter_01-hd*, *Typewriter_01-ipad* und *Typewriter_01-ipadhd*.

Mithilfe der Schaltfläche *Export* oben rechts entstehen Dateien für Cocos2D. Für jeden Zeichensatz gibt es eine Datei mit der Erweiterung *.fnt* mit den Orten und Maßen der einzelnen Zeichen und *.png* mit den Bildern der einzelnen Zeichen. Diese beiden Dateien werden später von Cocos2D geladen. Mithilfe der Orte und Maße werden die einzelnen Zeichen aus der Bitmap herausgeschnitten und auf dem Bildschirm angezeigt.

7.2.2 Eigene Zeichensätze verwenden

Die Klasse `CCLabelBMFont` zeigt ein Etikett mit einem Text an, dessen Zeichen aus einem selbst gestalteten Zeichensatz stammen.

- `labelWithString` ist eine statische Methode zur Erschaffung eines `CCLabelBMFont`. Sie erhält einen Text und einen Namen für eine Datei des Typs *.fnt* mit einem Zeichensatz als Parameter.

```
+ (id) labelWithString: (NSString *) string
    fntFile: (NSString *) fntFile
```

Das Projekt im Ordner *code/ios_09* enthält ein Beispiel für die Ausgabe des Geldstandes 1000 € am oberen Rand des Bildschirms.

```
CCLabelBMFont *moneyLabel = [CCLabelBMFont
  labelWithString:@"1000 €" fntFile:@"Typewriter_01.fnt"];
if (isPhone) {
  moneyLabel.position =  ccp(480 / 2, 320 - 12);
} else {
  moneyLabel.position =  ccp(1024 / 2, 768 - 24);
}
moneyLabel.zOrder = 2;
[self addChild: moneyLabel];
```

Bei der Ausführung lädt Cocos2D automatisch die richtigen Dateien mit dem geräteabhängigen Zeichensatz.

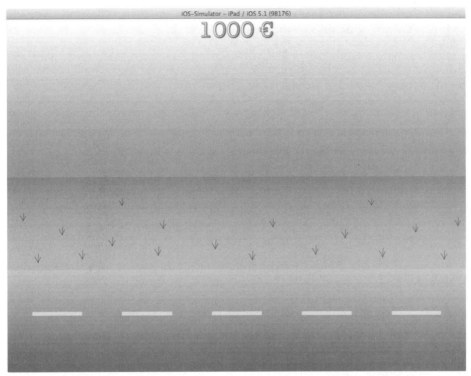

Bild 7.4: Anzeige des Geldstands

Die entsprechenden Anweisungen im Projekt *code/android_09* für Cocos2D-X lauten:

```
CCLabelBMFont *moneyLabel;
if (isS2) {
  moneyLabel::create("1000 €", "Typewriter_01-s2.fnt");
  moneyLabel->setPosition(ccp(800 / 2, 480 - 24));
} else {
  moneyLabel::create("1000 €", "Typewriter_01-s3.fnt");
  moneyLabel->setPosition(ccp(1280 / 2, 720 - 24));
}
this->addChild(moneyLabel, 2);
```

7.3   Stränge einführen

Eine App wird durch mehrere Stränge gesteuert, die unabhängig voneinander ablaufen. Zum Beispiel gibt es einen Strang für die Auffrischung der grafischen Benutzeroberfläche und einen Strang für die Verarbeitung von Benutzereingaben.

Es ist möglich, eigene Stränge in einer App zu starten, zum Beispiel einen Strang, der sich um die Anzeige der abgelaufenen Spielzeit kümmert, und einen Strang, der ständig prüft, ob ein bestimmtes Spielereignis eingetreten ist.

Die Klasse `CCNode` enthält Methoden für die Planung von Strängen.

- `schedule` ist eine Methode zum Starten eines Strangs mit dem angegebenen Namen, der bei jeder Auffrischung des Bildschirms ausgeführt wird.

```
- (void) schedule: (SEL) s
```

- `schedule` startet einen Strang mit dem angegebenen Namen, der beliebig oft im angegebenen zeitlichen Abstand wiederholt wird.

```
- (void) schedule: (SEL) s interval: (ccTime) seconds
```

- `unschedule` ist eine Methode zum Beenden eines Strangs mit dem angegebenen Namen.

```
- (void) unschedule: (SEL) s
```

- `unscheduleAllSelectors` ist eine Methode zum Beenden aller Stränge, die vom CCNode verwaltet werden.

```
- (void) unscheduleAllSelectors: (SEL) s
```

Das Projekt im Ordner *code/ios_10* enthält ein Beispiel für die Ausgabe eines Zählers mit Zehntelsekunden.

In der Datei *DoYourJobLayer.h* stehen die Deklarationen:

```
int gameTime;

CCLabelBMFont *gameTimeLabel;
```

`gameTime` enthält die Zeit in Zehntelsekunden, zum Beispiel steht 234 für 23.4 Sekunden. `gameTimeLabel` ist ein Etikett des Typs `CCLabelBMFont`, auf dem der Zählerstand erscheint.

Bei der Initialisierung in der Datei *DoYourJobLayer.m* werden die Anweisungen

```
gameTime = 0;
gameTimeLabel = [CCLabelBMFont
  labelWithString:@"0.0" fntFile:@"Typewriter_01.fnt"];
if (isPhone) {
  gameTimeLabel.position =   ccp(480 / 2, 0 + 12);
```

```
} else {
  gameTimeLabel.position =  ccp(1024 / 2, 0 + 24);
}
gameTimeLabel.zOrder = 2;
[self addChild: gameTimeLabel];
[self schedule:@selector(gameTimeUpdate:) interval:0.1];
```

ausgeführt. Am Anfang hat `gameTime` den Wert 0 und auf dem `gameTimeLabel` erscheint 0.0. Abhängig vom Gerät wird die Position des Etiketts in der Mitte am unteren Rand berechnet. Zuletzt startet der Strang `gameTimeUpdate`, der im zeitlichen Abstand einer Zehntelsekunde beliebig oft wiederholt wird.

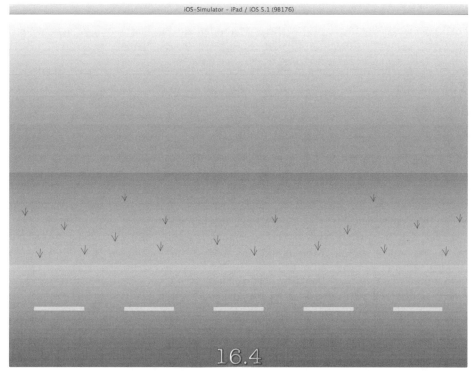

Bild 7.5: Zeitzähler für Zehntelsekunden

Die Klasse `CCLabelBMFont` bietet eine Methode zur Änderung des Texts.

• `setString` ist eine Methode zur Ausgabe eines neuen Texts auf einem Etikett.

```
- (void) setString: (NSString *) label
```

Die Anweisungen des Strangs stehen in einer separaten Methode.

```
-(void)gameTimeUpdate:(ccTime)dt {
  gameTime += 1;
```

```
if (gameTime <= 9) {
  [gameTimeLabel setString:
  [@"0." stringByAppendingString:
  [NSString stringWithFormat:@"%d", gameTime]]];
} else {
  [gameTimeLabel setString:
  [[NSString stringWithFormat:@"%d", gameTime / 10]
  stringByAppendingString:[@"." stringByAppendingString:
  [NSString stringWithFormat:@"%d", gameTime % 10]]]];
}
}
```

Bei jedem Aufruf wird die Zeit um 1 erhöht.

Die Klasse NSString bietet zwei wichtige Methoden zur Erschaffung von Zeichenketten aus Werten von Variablen und zur Verknüpfung von Zeichenketten.

- stringWithFormat ist eine statische Methode zur Erschaffung einer Zeichenkette, die ein bestimmtes Format nutzt, in das angegebene Werte eingesetzt werden. Zum Beispiel steht %d in einem solchen Format für eine vorzeichenbehaftete Ganzzahl des Typs int.

```
+ (id) stringWithFormat: (NSString *) format, ...
```

- stringByAppendingString ist eine Methode zum Verknüpfen von Zeichenketten.

```
- (NSString *) stringByAppendingString: (NSString *) aString
```

Wenn die Zeit kleiner oder gleich 9 ist, zeigt der Zähler 0. mit der Zahl in gameTime an. Bei allen anderen Zeiten zeigt der Zähler eine Zeichenkette an, die aus den Sekunden (gameTime / 10), einem Dezimalpunkt und den Zehntelsekunden (gameTime % 10) besteht.

Für die entsprechenden Zeilen im Projekt *code/android_10* für Cocos2D-X deklarieren wir in der Datei *DoYourJobScene.h* die benötigten Variablen und Methoden mit:

```
int gameTime;

cocos2d::CCLabelBMFont *gameTimeLabel;

void gameTimeUpdate(CCTime dt);
```

Wir erweitern die Datei *DoYourJobScene.cpp* um die Zeilen:

```
gameTime = 0;
gameTimeLabel;
if (isS2) {
  gameTimeLabel::create("0.0", "Typewriter_01-s2.fnt");
  gameTimeLabel->setPosition(ccp(800 / 2, 0 + 24));
} else {
```

```
    gameTimeLabel::create("0.0", "Typewriter_01-s3.fnt");
    gameTimeLabel->setPosition(ccp(1280 / 2, 0 + 24));
}
this->addChild(gameTimeLabel, 2);
```

Nun starten wir den Strang einmal pro Zehntelsekunde.

```
this->schedule(schedule_selector(DoYourJob::gameTimeUpdate),
    0.1);
```

Die Hilfsmethode `floatToString` ist nötig, weil Zeichenketten in C++ anders verarbeitet werden. Wir erstellen einen Stringstream, schieben die übergebene Zahl in den Stream und geben einen `std::string` zurück.

```
std::string floatToStr(float x) {
    std::stringstream fstr;
    fstr << x;
    return fstr.str();
}
```

In die Datei *AppDelegate.h* kommen die Zeilen

```
#include <sstream>
#include <string>
```

zur Integration der Bibliotheken `sstream` und `string`.

Die Methode `gameTimeUpdate` enthält die Anweisungen:

```
void DoYourJob::gameTimeUpdate(CCTime dt) {
    gameTime++;
    if(gameTime <= 9) {
        std::string gameTimeString("0.");
        gameTimeString += floatToStr(gameTime);
        gameTimeLabel->setString(gameTimeString.c_str());
    } else {
        std::string gameTimeString = floatToStr(gameTime / 10);
        gameTimeString += ".";
        gameTimeString += floatToStr(gameTime % 10);
        gameTimeLabel->setString(gameTimeString.c_str());
    }
}
```

8 Teilchensysteme erzeugen

In diesem Kapitel behandeln wir:

- die Produktion eigener Teilchensysteme mit dem Particle Designer
- das Anzeigen von Teilchensystemen auf dem Bildschirm
- die Programmierung von Teilchensystemen

8.1 Teilchensysteme mit eigenen Bildern gestalten

Der Particle Designer mit der Homepage *http://particledesigner.71squared.com/* ist eine Software, um eigene Teilchensysteme zu gestalten, diese in besonderen Dateien zu speichern und in Cocos2D zu laden.

Nach dem Start enthält das Hauptfenster eine Übersicht mit einer Vielzahl unterschiedlicher Effekte, die von verschiedenen Benutzern gestaltet wurden. Das Nebenfenster zeigt eine Vorschau des ausgewählten Effekts. Über die Schaltfläche *Emitter Config* rechts oben gelangen Sie zu den Einstellungen.

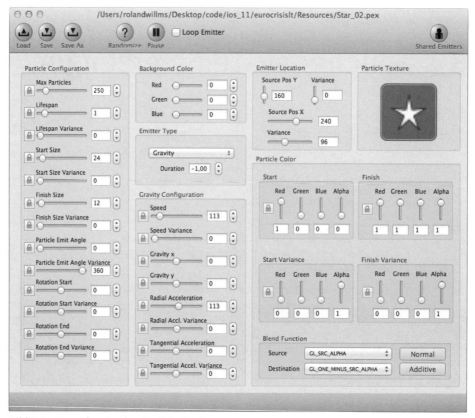

Bild 8.1: Hauptfenster des Particle Designers

Um einen eigenen Effekt zu gestalten, werfen wir per Drag & Drop ein Bild in den Bereich *Particle Texture* rechts oben, zum Beispiel einen Stern.

Bild 8.2: Ein Stern als Teilchentextur

Für wegfliegende Sterne brauchen wir verschiedene Versionen des Sterns, und zwar 24 x 24 Pixel für iPhone, 48 x 48 Pixel für iPhone Retina, 48 x 48 Pixel für iPad und 96 x 96 Pixel für iPad Retina. Es müssen vier verschiedene Dateien mit den Namen *Star_02*, *Star_02-hd*, *Star_02-ipad* und *Star_02-ipadhd* eingesetzt werden.

Der Particle Designer bietet verschiedene Einstellungen an.

Für die Teilchenkonfiguration:

- Max Particles: maximale Anzahl der Teilchen im Teilchensystem
- Lifespan: Lebensdauer der Teilchen
- Lifespan Variance: Streuung der Lebensdauer
- Start Size: anfängliche Größe der Teilchen
- Start Size Variance: Streuung der anfänglichen Größe
- Finish Size: letzte Größe der Teilchen
- Finish Size Variance: Streuung der letzten Größe
- Particle Emit Angle: Winkel, unter dem die Teilchen ihre Bewegung starten
- Particle Emit Angle Variance: Streuung des Winkels
- Rotation Start: Drehwinkel der Teilchen am Anfang
- Rotation Start Variance: Streuung des Drehwinkels am Anfang
- Rotation End: Drehwinkel der Teilchen am Ende
- Rotation End Variance: Streuung des Drehwinkels am Ende

Für die Hintergrundfarbe:

- Red: Rotanteil der Farbe
- Green: Grünanteil der Farbe
- Blue: Blauanteil der Farbe

Für den Emittertyp:

- Gravity: Schwerkraft
- Radial: radial mit Zentrum

Abhängig vom Emittertyp erscheinen unterschiedliche Einstellungen, und zwar bei Gravity:

- Speed: Geschwindigkeit der Teilchen
- Speed Variance: Streuung der Geschwindigkeit
- Gravity x: Schwerkraft in x-Richtung
- Gravity y: Schwerkraft in y-Richtung
- Radial Acceleration: radiale Beschleunigung
- Radial Acceleration Variance: Streuung der radialen Beschleunigung
- Tangential Acceleration: tangentiale Beschleunigung
- Tangential Acceleration Variance: Streuung der tangentialen Beschleunigung

und bei Radial:

- Max Radius: maximaler Radius
- Max Radius Variance: Streuung des maximalen Radius
- Min Radius: minimaler Radius
- Degrees Per Second: Winkelgeschwindigkeit
- Degrees Per Second Variance: Streuung der Winkelgeschwindigkeit

Für den Ort des Emitters:

- Source Pos Y: y-Koordinate des Ortes
- Variance: Streuung der y-Koordinate
- Source Pos X: x-Koordinate des Ortes
- Variance: Streuung der x-Koordinate

Für die Teilchenfarbe:

- Start / Red, Green, Blue, Alpha: Rotanteil, Grünanteil, Blauanteil und Transparenz der Farbe am Anfang
- Start Variance / Red, Green, Blue, Alpha: Streuung der Anteile
- Finish / Red, Green, Blue, Alpha: Rotanteil, Grünanteil, Blauanteil und Transparenz der Farbe am Ende
- Finish Variance / Red, Green, Blue, Alpha: Streuung der Anteile
- Blend Function: verschiedene Konstanten für Überblendungen der Teilchen (Source) in den Hintergrund (Destination)
- Normal / Additiv: normale und additive Pixelverrechnung

Es erfordert einige Erfahrung, um schöne Effekte, zum Beispiel Feuerwerk, Rauch, Regen, Feuer, Schnee, Nebel und vieles mehr zu erzeugen. Beispiele für Effekte mit zugehörigen Einstellungen finden Sie auch in der App *Screen FX* mit der Adresse *http://www. screen-fx.de/* für das iPad.

Bild 8.3: Fische in der Wüste

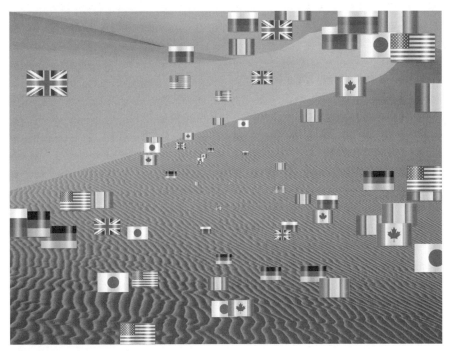

Bild 8.4: Rotierende Fahnen

Während Sie die Einstellungen für das Teilchensystem im Hauptfenster vornehmen, zeigt das Nebenfenster das aktuelle Erscheinungsbild an.

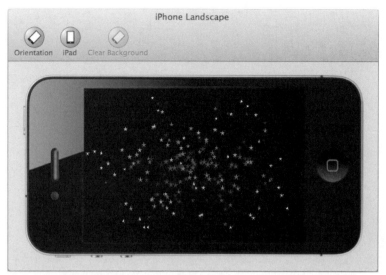

Bild 8.5: Wegfliegende Sterne auf dem iPhone

Für wegfliegende Sterne auf dem iPhone wählen wir die folgenden Einstellungen:

- maximal 250 Sterne
- 1 Sekunde Lebensdauer
- 24 Pixel Anfangsgröße wie das Bild
- 12 Pixel Endgröße als halbe Größe des Bilds
- 0 Grad Drehwinkel
- 360 Grad als Streuung des Drehwinkels
- 113 als Geschwindigkeit und radiale Beschleunigung
- Platzierung in der Mitte
- geringe Streuung in x-Richtung, aber keine Streuung in y-Richtung
- rote Farbe am Anfang und weiße Farbe am Ende mit zufälligem Transparenzanteil

Für das iPhone Retina müssen wir nur die Version 24 x 24 Pixel der Teilchentextur in die Version 48 x 48 Pixel umtauschen. Die anderen Eigenschaften bleiben unverändert, weil das Koordinatensystem unabhängig von den Gerätetypen ist.

Auf dem iPad ändern wir die folgenden Eigenschaften aufgrund des größeren Bildschirms:

- 48 Pixel Anfangsgröße wie das Bild

- 24 Pixel Endgröße als halbe Größe des Bilds

- 300 als Geschwindigkeit und radiale Beschleunigung

- andere Position und Streuung

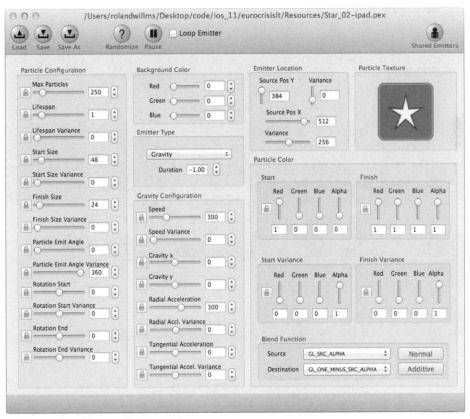

Bild 8.6: Einstellungen für das iPad

Das Nebenfenster hat Schaltflächen zur Änderung des Gerätetyps von iPhone nach iPad und der Orientierung vom Hochformat ins Querformat.

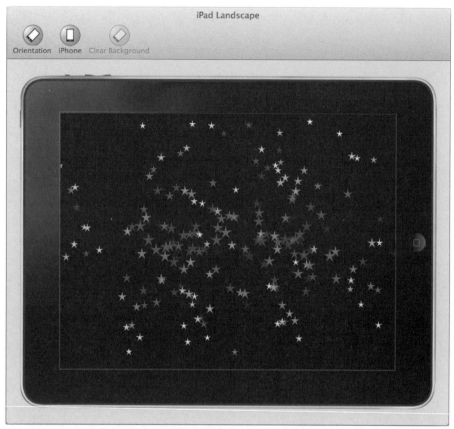

Bild 8.7: Wegfliegende Sterne auf dem iPad

Mithilfe der Schaltfläche *Save as* speichern wir das Teilchensystem im Particle Designer. Bei *File Format* stellen wir *cocos2d* ein und markieren das Kontrollkästchen *Embed texture*, um die Teilchentextur zu integrieren.

Bild 8.8: Speichern im speziellen Cocos2D-Format

8.2 Teilchensysteme starten und stoppen

Die Klasse `CCParticleSystemQuad` ist für die Anzeige von Teilchensystemen auf dem Bildschirm verantwortlich.

- `initWithFile` ist eine statische Methode zur Erschaffung eines `CCParticleSystemQuad`. Sie erhält den Namen zu einer Datei mit Informationen zum Teilchensystem.

```
- (id) initWithFile: (NSString *) plistFile
```

- `stopSystem` ist eine Methode zum Stoppen des Teilchensystems, wobei alle Teilchen, die bereits existieren, bis zu ihrem Ende weiterleben.

```
- (void) stopSystem
```

Das Projekt im Ordner *code/ios_11* enthält ein Beispiel für ein Teilchensystem, das aus wegfliegenden Sternen hinter einem Text besteht. Weil wir ein solches System später zur Anzeige der Achievements benötigen, führen wir eine separate Methode ein.

Die Anweisung

```
[self reportAchievement:@"Herzlich willkommen"];
```

ruft die Methode `reportAchievement` auf und übergibt ihr den anzuzeigenden Text.

In der Methode `reportAchievement` erschaffen wir ein Etikett mit der übergebenen Beschriftung.

```
-(void)reportAchievement:(NSString *)achievement {
  CCLabelBMFont *label =
    [CCLabelBMFont labelWithString:achievement
    fntFile:@"Typewriter_02.fnt"];
```

Das Etikett erscheint in der Mitte des Geräts.

```
if (isPhone) {
   label.position = ccp(480 / 2, 320 / 2);
} else {
   label.position = ccp(1024 / 2, 768 / 2);
}
label.zOrder = 3;
[self addChild:label];
```

Das Etikett bekommt eine Aktion, die dafür sorgt, dass es nach drei Sekunden vom Bildschirm verschwindet.

```
[label runAction:[CCSequence actions:
   [CCDelayTime actionWithDuration:3],
   [CCCallFuncN actionWithTarget:self
   selector:@selector(achievementEnded:)], nil]];
```

Nun entsteht das System aus den wegfliegenden Sternen mit den Eigenschaften in der Datei *Star_02.plist*.

```
CCParticleSystem *starSystem = [CCParticleSystemQuad
   particleWithFile:@"Star_02.plist"];
starSystem.zOrder = 2;
[self addChild:starSystem];
```

Nach einer halben Sekunde wird das Teilchensystem gestoppt.

```
[starSystem runAction:[CCSequence actions:
   [CCDelayTime actionWithDuration:0.5],
   [CCCallFuncN actionWithTarget:self
   selector:@selector(starSystemStopped:)], nil]];
}
```

Die Methode `starSystemStopped` hält das Teilchensystem an. Bestehende Sterne fliegen noch fünf Sekunden lang weiter, bis das ganze System vom Bildschirm entfernt wird.

```
-(void)starSystemStopped:(id)sender {
  [(CCParticleSystem *)sender stopSystem];
  [(CCParticleSystem *)sender runAction:[CCSequence actions:
    [CCDelayTime actionWithDuration:5],
  [CCCallFuncN actionWithTarget:self
    selector:@selector(starSystemEnded:)], nil]];
}
```

Die Methoden `achievementEnded` und `starSystemEnded` entfernen das Etikett mit der Beschriftung und das Teilchensystem vom Bildschirm.

```
-(void)achievementEnded:(id)sender {
    [self removeChild:sender cleanup:YES];
}


-(void)starSystemEnded:(id)sender {
    [self removeChild:sender cleanup:YES];
}
```

Nach dem Start erscheinen die Begrüßung und das Teilchensystem auf dem Bildschirm.

Bild 8.9: Eine Begrüßung mit Sternen

Die entsprechenden Anweisungen im Projekt *code/android_11* für Cocos2D-X sind:

```
void DoYourJob::reportAchievement(const char *achievement) {
  CCLabelBMFont *label;
  if (isS2) {
    label = CCLabelBMFont::create(achievement,
      "Typewriter_02-s2.fnt");
    label->setPosition(ccp(800 / 2, 480 / 2));
  } else {
    label = CCLabelBMFont::create(achievement,
```

```
      "Typewriter_02-s3.fnt");
    label->setPosition(ccp(1280 / 2, 720 / 2));
  }
  addChild(label);
  label->runAction(CCSequence::create(
    CCDelayTime::create(0.5),
    CCCallFuncN::create(this,
    callfuncN_selector(DoYourJob::achievementEnded)),
      NULL));
  CCParticleSystem *starSystem;
  if (isS2) {
    starSystem = CCParticleSystemQuad::create(
      "Star_02-s2.plist");
  } else {
    starSystem = CCParticleSystemQuad::create(
      "Star_02-s3.plist");
  }
  addChild(starSystem, 2);
  starSystem->runAction(CCSequence::create(
    CCDelayTime::create(0.5),
    CCCallFuncN::create(this,
    callfuncN_selector(DoYourJob::starSystemStopped)),
    NULL));
}

void DoYourJob::starSystemStopped(CCNode *sender) {
  CCParticleSystem *particleSender =
    (CCParticleSystem *) sender;
  particleSender->stopSystem();
  particleSender->runAction(CCSequence::create(
    CCDelayTime::create(5),
    CCCallFuncN::create(this,
    callfuncN_selector(DoYourJob::starSystemEnded)),
    NULL));
}

void DoYourJob::achievementEnded(CCNode *sender) {
  CCSprite *sprite = (CCSprite *) sender;
  removeChild(sprite, true);
}

void DoYourJob::starSystemEnded(CCNode *sender) {
  CCParticleSystem *particleSender =
    (CCParticleSystem *) sender;
  removeChild(particleSender, true);
}
```

8.3 Teilchensysteme selbst programmieren

Die Klasse `CCParticleSystem`, von der die Klasse `CCParticleSystemQuad` abgeleitet ist, enthält eine nützliche Methode zur Erschaffung von Teilchensystemen, unabhängig vom Particle Designer.

- `initWithDictionary` ist eine statische Methode zur Erschaffung eines `CCParticleSystem` über ein `NSDictionary`.

```
- (id) initWithDictionary: (NSDictionary *) dictionary
```

Das Projekt im Ordner *code/ios_12* enthält ein Beispiel für ein Teilchensystem, das mithilfe eines `NSDictionary` aufgebaut ist.

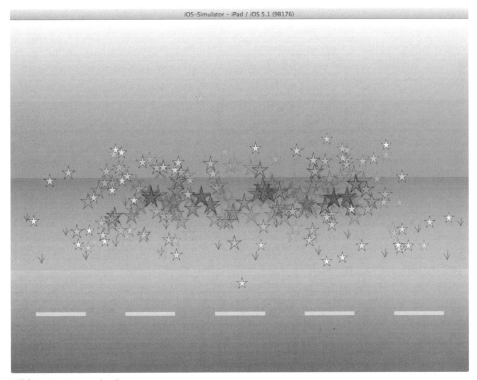

Bild 8.10: Sterne im Programm

Das `NSDictionary` besteht aus Werten und Schlüsseln, zum Beispiel 48 für `startParticleSize`. Mithilfe dieser Werte entsteht später das Teilchensystem.

```
NSDictionary *dictionary =
  [NSDictionary dictionaryWithObjectsAndKeys:
  @"Star_02.png", @"textureFileName",
  @"48", @"startParticleSize",
  @"0", @"startParticleSizeVariance",
```

```
@"1", @"startColorRed",
@"0", @"startColorGreen",
@"0", @"startColorBlue",
@"0", @"startColorAlpha",
@"0", @"startColorVarianceRed",
@"0", @"startColorVarianceGreen",
@"0", @"startColorVarianceBlue",
@"1", @"startColorVarianceAlpha",
@"24", @"finishParticleSize",
@"0", @"finishParticleSizeVariance",
@"1", @"finishColorRed",
@"1", @"finishColorGreen",
@"1", @"finishColorBlue",
@"1", @"finishColorAlpha",
@"0", @"finishColorVarianceRed",
@"0", @"finishColorVarianceGreen",
@"0", @"finishColorVarianceBlue",
@"1", @"finishColorVarianceAlpha",
@"512", @"sourcePositionx",
@"256", @"sourcePositionVariancex",
@"384", @"sourcePositiony",
@"0", @"sourcePositionVariancey",
@"-1", @"duration",
@"250", @"maxParticles",
@"1", @"particleLifespan",
@"0", @"particleLifespanVariance",
@"0", @"angle",
@"360", @"angleVariance",
@"0", @"rotationStart",
@"0", @"rotationStartVariance",
@"0", @"rotationEnd",
@"0", @"rotationEndVariance",
@"770", @"blendFuncSource",
@"771", @"blendFuncDestination",
@"0", @"emitterType",
@"100", @"speed",
@"0", @"speedVariance",
@"0", @"gravityx",
@"0", @"gravityy",
@"300", @"radialAcceleration",
@"0", @"radialAccelVariance",
@"0", @"tangentialAcceleration",
@"0", @"tangentialAccelVariance",
@"0", @"maxRadius",
@"0", @"maxRadiusVariance",
```

```
  @"0", @"minRadius",
  @"0", @"minRadiusVariance",
  @"0", @"rotatePerSecond",
  @"0", @"rotatePerSecondVariance",
  nil]];
CCParticleSystemQuad *system = [[[CCParticleSystemQuad alloc]
  initWithDictionary:dictionary] autorelease];
system.zOrder = 2;
[self addChild:system];
```

Die entsprechenden Anweisungen im Projekt *code/android_12* für Cocos2D-X sind:

```
CCDictionary *dictionary = new CCDictionary();
dictionary->setObject(new CCString("textureFileName"),
  "Star_02.png");
dictionary->setObject(new CCString("startParticleSize"), 48);
dictionary->setObject(
  new CCString("startParticleSizeVariance"), 0);
dictionary->setObject(new CCString("startColorRed"), 1);
dictionary->setObject(new CCString("startColorGreen"), 0);
dictionary->setObject(new CCString("startColorBlue"), 0);
dictionary->setObject(new CCString("startColorAlpha"), 0);
dictionary->setObject(new CCString("startColorVarianceRed"),
  0);
dictionary->setObject(
  new CCString("startColorVarianceGreen"), 0);
dictionary->setObject(
  new CCString("startColorVarianceBlue"), 0);
dictionary->setObject(
  new CCString("startColorVarianceAlpha"), 1);
dictionary->setObject(
  new CCString("finishParticleSize"), 24);
dictionary->setObject(
  new CCString("finishParticleSizeVariance"), 0);
dictionary->setObject(new CCString("finishColorRed"), 1);
dictionary->setObject(new CCString("finishColorGreen"), 1);
dictionary->setObject(new CCString("finishColorBlue"), 1);
dictionary->setObject(new CCString("finishColorAlpha"), 1);
dictionary->setObject(
  new CCString("finishColorVarianceRed"), 0);
dictionary->setObject(
  new CCString("finishColorVarianceGreen"), 0);
dictionary->setObject(
  new CCString("finishColorVarianceBlue"), 0);
dictionary->setObject(
  new CCString("finishColorVarianceAlpha"), 1);
```

```
dictionary->setObject(
  new CCString("sourcePositionx"), 512);
dictionary->setObject(
  new CCString("sourcePositionVariancex"), 256);
dictionary->setObject(
  new CCString("sourcePositiony"), 384);
dictionary->setObject(
  new CCString("sourcePositionVariancey"), 0);
dictionary->setObject(new CCString("duration"), -1);
dictionary->setObject(new CCString("maxParticles"), 250);
dictionary->setObject(new CCString("particleLifespan"), 1);
dictionary->setObject(
  new CCString("particleLifespanVariance"), 0);
dictionary->setObject(new CCString("angle"), 0);
dictionary->setObject(new CCString("angleVariance"), 360);
dictionary->setObject(new CCString("rotationStart"), 0);
dictionary->setObject(new CCString("rotationStartVariance"),
  0);
dictionary->setObject(new CCString("rotationEnd"), 0);
dictionary->setObject(new CCString("rotationEndVariance"), 0);
dictionary->setObject(new CCString("blendFuncSource"), 770);
dictionary->setObject(new CCString("blendFuncDestination"),
  771);
dictionary->setObject(new CCString("emitterType"), 0);
dictionary->setObject(new CCString("speed"), 100);
dictionary->setObject(new CCString("speedVariance"), 0);
dictionary->setObject(new CCString("gravityx"), 0);
dictionary->setObject(new CCString("gravityy"), 0);
dictionary->setObject(new CCString("radialAcceleration"),
  300);
dictionary->setObject(
  new CCString("tangentialAcceleration"), 0);
dictionary->setObject(
  new CCString("tangentialAccelVariance"), 0);
dictionary->setObject(new CCString("maxRadius"), 0);
dictionary->setObject(new CCString("maxRadiusVariance"), 0);
dictionary->setObject(new CCString("minRadius"), 0);
dictionary->setObject(new CCString("minRadiusVariance"), 0);
dictionary->setObject(new CCString("rotatePerSecond"), 0);
dictionary->setObject(
  new CCString("rotatePerSecondVariance"), 0);
CCParticleSystem *system = new CCParticleSystem();
system->initWithDictionary(dictionary);
addChild(system, 2);
```

Cocos2D kann einige Daten mehr verarbeiten als der Particle Designer. So ist zum Beispiel der Schlüssel minRadiusVariance eingerichtet. Die App *Screen FX* arbeitet intern mit dem NSDictionary, um auch Teilchensysteme mit bis zu zehn verschiedenen Teilchen zusammenstellen zu können, zum Beispiel zehn verschiedene Fische, die über den Bildschirm schwimmen.

Es ist etwas schwerer, Teilchensysteme selbst zu erschaffen, weil alle Zahlenwerte bekannt sein müssen, vor allem für die Konstanten blendFuncSource, blendFuncDestination und emitterType.

Das Projekt im Ordner *code/ios_13* enthält ein Beispiel für ein rotierendes Teilchensystem mit Zentrum, das mit dem Wert 1 für den emitterType anstelle des Wertes 0 für Gravitation entsteht.

```
NSDictionary *dictionary = [NSDictionary
  dictionaryWithObjectsAndKeys:
  @"Star_02.png", @"textureFileName",
  @"48", @"startParticleSize",
  @"0", @"startParticleSizeVariance",
  @"1", @"startColorRed",
  @"0", @"startColorGreen",
  @"0", @"startColorBlue",
  @"0", @"startColorAlpha",
  @"0", @"startColorVarianceRed",
  @"0", @"startColorVarianceGreen",
  @"0", @"startColorVarianceBlue",
  @"1", @"startColorVarianceAlpha",
  @"24", @"finishParticleSize",
  @"0", @"finishParticleSizeVariance",
  @"1", @"finishColorRed",
  @"1", @"finishColorGreen",
  @"1", @"finishColorBlue",
  @"1", @"finishColorAlpha",
  @"0", @"finishColorVarianceRed",
  @"0", @"finishColorVarianceGreen",
  @"0", @"finishColorVarianceBlue",
  @"1", @"finishColorVarianceAlpha",
  @"512", @"sourcePositionx",
  @"256", @"sourcePositionVariancex",
  @"384", @"sourcePositiony",
  @"0", @"sourcePositionVariancey",
  @"-1", @"duration",
  @"250", @"maxParticles",
  @"1", @"particleLifespan",
  @"0", @"particleLifespanVariance",
  @"0", @"angle",
  @"360", @"angleVariance",
```

```
@"0", @"rotationStart",
@"0", @"rotationStartVariance",
@"0", @"rotationEnd",
@"0", @"rotationEndVariance",
@"770", @"blendFuncSource",
@"771", @"blendFuncDestination",
@"1", @"emitterType",
@"0", @"speed",
@"0", @"speedVariance",
@"0", @"gravityx",
@"0", @"gravityy",
@"0", @"radialAcceleration",
@"0", @"radialAccelVariance",
@"0", @"tangentialAcceleration",
@"0", @"tangentialAccelVariance",
@"576", @"maxRadius",
@"0", @"maxRadiusVariance",
@"0", @"minRadius",
@"0", @"minRadiusVariance",
@"60", @"rotatePerSecond",
@"30", @"rotatePerSecondVariance",
nil];
```

Die Werte für die Schlüssel `speed`, `speedVariance`, `gravityx`, `gravityy`, `radialAcceleration`, `radialAccelVariance`, `tangentialAcceleration` und `tangentialAccelVariance` sind auf 0 gesetzt, weil sie zu den Gravitationseffekten gehören. Die Schlüssel `maxRadius`, `maxRadiusVariance`, `minRadius`, `minRadiusVariance`, `rotatePerSecond` und `rotatePerSecondVariance` gehören zu den Radialeffekten.

Nach dem Start erscheinen Sterne auf dem Bildschirm, die sich auf Kreiselbahnen von außen nach innen bewegen.

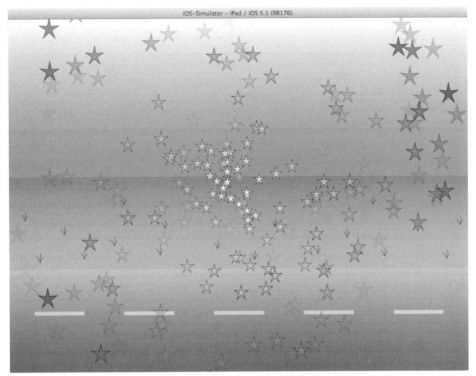

Bild 8.11: Rotierendes Sternsystem

Die entsprechenden Anweisungen im Projekt *code/android_13* für Cocos2D-X lauten:

```
CCDictionary *dictionary = new CCDictionary();
dictionary->setObject(new CCString("textureFileName"),
  "Star_02.png");
dictionary->setObject(new CCString("startParticleSize"),
  48);
dictionary->setObject(
  new CCString("startParticleSizeVariance"), 0);
dictionary->setObject(new CCString("startColorRed"), 1);
dictionary->setObject(new CCString("startColorGreen"), 0);
dictionary->setObject(new CCString("startColorBlue"), 0);
dictionary->setObject(new CCString("startColorAlpha"), 0);
dictionary->setObject(new CCString("startColorVarianceRed"),
  0);
dictionary->setObject(
  new CCString("startColorVarianceGreen"), 0);
dictionary->setObject(
  new CCString("startColorVarianceBlue"), 0);
dictionary->setObject(
  new CCString("startColorVarianceAlpha"), 1);
```

```
dictionary->setObject(
  new CCString("finishParticleSize"), 24);
dictionary->setObject(
  new CCString("finishParticleSizeVariance"), 0);
dictionary->setObject(new CCString("finishColorRed"), 1);
dictionary->setObject(new CCString("finishColorGreen"), 1);
dictionary->setObject(new CCString("finishColorBlue"), 1);
dictionary->setObject(new CCString("finishColorAlpha"), 1);
dictionary->setObject(
  new CCString("finishColorVarianceRed"), 0);
dictionary->setObject(
  new CCString("finishColorVarianceGreen"), 0);
dictionary->setObject(
  new CCString("finishColorVarianceBlue"), 0);
dictionary->setObject(
  new CCString("finishColorVarianceAlpha"), 1);
dictionary->setObject(
  new CCString("sourcePositionx"), 512);
dictionary->setObject(
  new CCString("sourcePositionVariancex"), 256);
dictionary->setObject(
  new CCString("sourcePositiony"), 384);
dictionary->setObject(
  new CCString("sourcePositionVariancey"), 0);
dictionary->setObject(new CCString("duration"), -1);
dictionary->setObject(new CCString("maxParticles"), 250);
dictionary->setObject(new CCString("particleLifespan"), 1);
dictionary->setObject(
  new CCString("particleLifespanVariance"), 0);
dictionary->setObject(new CCString("angle"), 0);
dictionary->setObject(new CCString("angleVariance"), 360);
dictionary->setObject(new CCString("rotationStart"), 0);
dictionary->setObject(new CCString("rotationStartVariance"),
  0);
dictionary->setObject(new CCString("rotationEnd"), 0);
dictionary->setObject(new CCString("rotationEndVariance"), 0);
dictionary->setObject(new CCString("blendFuncSource"), 770);
dictionary->setObject(new CCString("blendFuncDestination"),
  771);
dictionary->setObject(new CCString("emitterType"), 1);
dictionary->setObject(new CCString("speed"), 0);
dictionary->setObject(new CCString("speedVariance"), 0);
dictionary->setObject(new CCString("gravityx"), 0);
dictionary->setObject(new CCString("gravityy"), 0);
dictionary->setObject(new CCString("radialAcceleration"),
```

```
  300);
dictionary->setObject(
  new CCString("tangentialAcceleration"), 0);
dictionary->setObject(
  new CCString("tangentialAccelVariance"), 0);
dictionary->setObject(new CCString("maxRadius"), 576);
dictionary->setObject(new CCString("maxRadiusVariance"), 0);
dictionary->setObject(new CCString("minRadius"), 0);
dictionary->setObject(new CCString("minRadiusVariance"), 0);
dictionary->setObject(new CCString("rotatePerSecond"), 60);
dictionary->setObject(
  new CCString("rotatePerSecondVariance"), 30);
```

9 Spiellevel gestalten

In diesem Kapitel behandeln wir:

- die internen Mechanismen für den Spielablauf
- die Verwaltung von Sprites mithilfe von Arrays
- die Koordination bei der Reaktion auf verschiedene Spielereignisse

9.1 Eigenschaften eines Levels festlegen

Die Datei *DoYourJobLayer.h* des Projekts im Ordner *code/ios_14* enthält die Zeilen:

```
#import "cocos2d.h"

@interface DoYourJobLayer : CCLayer {

  // Eigenschaften

}

@end
```

Hier legen wir einige Eigenschaften des Spiellevels fest, die an verschiedenen Stellen des Ablaufs nötig sind.

- gameOver dient als Hinweis, ob der Officer von einer Kugel getroffen wurde oder kein Geld mehr hat, sodass das Spiel beendet ist.

  ```
  bool gameOver;
  ```

- isInflation dient zur Abfrage, ob sich das Spiel zurzeit im Inflationsmodus befindet und Banknoten mit besonders hohen Beträgen als Belohnung für getroffene Terroristen und Diebe ausgeschüttet werden.

  ```
  bool isInflation;
  ```

- isPhone dient zur Unterscheidung von iPhone und iPad, weil einige Spielelemente abhängig vom Gerätetyp an anderen Stellen platziert werden müssen.

  ```
  bool isPhone
  ```

- `friendCounter` enthält die Anzahl der getroffenen Freunde und wird für Achievements benötigt.

```
int friendCounter;
```

- `gameTime` ist die abgelaufene Spielzeit in Zehntelsekunden. Für `gameTime` gibt es ein Leaderboard.

```
int gameTime;
```

- `inflationCounter` enthält die Anzahl der getroffenen Terroristen und Diebe. Sobald der Zähler den Wert 10 hat, ist der Inflationsmodus aktiv. Sobald ein Freund von einer Kugel getroffen ist, endet dieser Modus, und `inflationCounter` erhält wieder den Anfangswert 0.

```
int inflationCounter;
```

- `inflationTime` ist die abgelaufene Zeit im aktuellen Inflationsmodus. Während eines Spiels kann dieser Modus mehrmals aktiv werden. Jedes Mal startet der Zähler neu. Für `inflationTime` gibt es ein Leaderboard.

```
int inflationTime;
```

- `money` enthält den aktuellen Kontostand des Spielers. Für `money` gibt es ein Leaderboard. Der Kontostand sinkt beim Treffen eines Freundes um 10 Prozent.

```
int money;
```

- `moneyCounter` enthält das gesamte Geld, das der Spieler während eines Spiels gesammelt hat. Es wird für Achievements benötigt.

```
int moneyCounter;
```

- `moneyCounterState` ist ein Zähler zur Kontrolle, ob ein Achievement beim gesammelten Geld bereits ausgelöst wurde.

```
int moneyCounterState;
```

- `shotCounter` ist ein Zähler für die Anzahl der abgegebenen Schüsse und wird für Achievements gebraucht.

```
int shotCounter;
```

- `straightCounter` ist ein Zähler für die Anzahl der gesammelten Banknoten innerhalb der Serie der Euroscheine.

```
int straightCounter;
```

- `straightSeriesCounter` ist ein Zähler für die Anzahl der gesammelten Serien von Banknoten und wird für Achievements benötigt.

```
int straightSeriesCounter;
```

- `terroristCounter` enthält die Anzahl der getroffenen Terroristen und Diebe. Sie wird für Achievements benötigt.

```
int terroristCounter;
```

- `gameTimeLabel` ist das Etikett zum Anzeigen der abgelaufenen Spielzeit mittig am unteren Bildschirmrand.

```
CCLabelBMFont *gameTimeLabel;
```

- `inflationLabel` ist das Etikett mit der Aufschrift Inflation, die während des Inflationsmodus mittig am oberen Bildschirmrand unter dem Kontostand erscheint.

```
CCLabelBMFont *inflationLabel;
```

- `inflationTimeLabel` ist das Etikett zum Anzeigen der abgelaufenen Zeit im aktuellen Inflationsmodus. Es befindet sich mittig am oberen Bildschirmrand unter der Aufschrift Inflation.

```
CCLabelBMFont *inflationTimeLabel;
```

- `banknoteArray` ist ein Array mit allen Banknoten, die zurzeit im Spiel sind.

```
NSMutableArray *banknoteArray;
```

- `emoticonArray` ist ein Array mit allen Emoticons, die zurzeit im Spiel sind.

```
NSMutableArray *emoticonArray;
```

- `friendArray` ist ein Array mit allen Freunden, die sich zurzeit über den Bildschirm bewegen.

```
NSMutableArray *friendArray;
```

- `playerBulletArray` ist ein Array mit allen Kugeln des Spielers, die zurzeit herumfliegen.

```
NSMutableArray *playerBulletArray;
```

- `terroristArray` ist ein Array mit allen Terroristen und Dieben, die sich zurzeit über den Bildschirm bewegen.

```
NSMutableArray *terroristArray;
```

- `terroristBulletArray` ist ein Array mit allen Kugeln der Feinde, die zurzeit herumfliegen.

```
NSMutableArray *terroristBulletArray;
```

Die entsprechenden Anweisungen im Projekt *code/android_14* für Cocos2D-X sind:

```
private:
  bool gameOver;
  bool isInflation;
```

```
bool isS2;

int friendCounter;
int gameTime
int inflationCounter;
int inflationTime;
int money;
int moneyCounter;
int moneyCounterState;
int shotCounter;
int straightCounter;
int straightSeriesCounter;
int terroristCounter;

cocos2d::CCLabelBMFont *gameTimeLabel;
cocos2d::CCLabelBMFont *inflationLabel;
cocos2d::CCLabelBMFont *inflationTimeLabel;
cocos2d::CCLabelBMFont *moneyLabel;

cocos2d::CCSprite *player;

cocos2d::CCArray *banknoteArray;
cocos2d::CCArray *emoticonArray;
cocos2d::CCArray *friendArray;
cocos2d::CCArray *playerBulletArray;
cocos2d::CCArray *terroristArray;
cocos2d::CCArray *terroristBulletArray;

public:
  virtual bool init();
  static cocos2d::CCScene* scene();
  void ccTouchMoved(cocos2d::CCTouch* touch,
  cocos2d::CCEvent* event);
  bool ccTouchBegan(cocos2d::CCTouch* touch,
  cocos2d::CCEvent* event);

  ~DoYourJob();

  void friendEnded(cocos2d::CCNode* sender);
  void terroristEnded(cocos2d::CCNode* sender);
  void emoticonEnded(cocos2d::CCNode* sender);
  void inflationTimeEnded(cocos2d::CCNode* sender);
  void showMenuScene(cocos2d::CCNode* sender);
  void showKeyboardScene(cocos2d::CCNode* sender);
  void achievementEnded(cocos2d::CCNode* sender);
```

```
void starSystemStopped(cocos2d::CCNode* sender);
void starSystemEnded(cocos2d::CCNode* sender);
void banknoteEnded(cocos2d::CCNode* sender);
void playerBulletEnded(cocos2d::CCNode* sender);
void terroristBulletEnded(cocos2d::CCNode* sender);

void addFriend();
void addTerrorist();
void addBanknote(cocos2d::CCPoint position);
void stopGame();
void reportAchievement(int number);

void gameTimeUpdate(cocos2d::CCTime dt);
void addPeople(cocos2d::CCTime dt);
void revenge(cocos2d::CCTime dt);
void gameUpdate(cocos2d::CCTime dt);
void inflationTimeUpdate(cocos2d::CCTime dt);

LAYER_CREATE_FUNC(DoYourJob);
```

9.2 Einen Level initialisieren

9.2.1 Eigenschaften initialisieren

Die Datei *DoYourJobLayer.m* enthält die Zeilen:

```
#import "DoYourJobLayer.h"
#import "DoYourJobScene.h"
#import "SimpleAudioEngine.h"

@implementation DoYourJobLayer

  // Methoden

@end
```

Die Initialisierung der Eigenschaften geschieht in der Methode `init`.

```
-(id)init {
  self = [super init];
  if (self != nil) {
```

Das Spiel ist nicht vorbei.

```
    gameOver = false;
```

Der Inflationsmodus ist aus.

```
isInflation = false;
```

Es wird geprüft, ob das Spiel auf einem iPhone oder einem iPad läuft.

```
if (UI_USER_INTERFACE_IDIOM()
    == UIUserInterfaceIdiomPhone) {
  isPhone = true;
}
```

Die Anzahl der getroffenen Freunde ist 0.

```
friendCounter = 0;
```

Die abgelaufene Spielzeit ist 0.

```
gameTime = 0;
```

Der Zähler für die Anzahl der getroffenen Feinde in Serie ist 0.

```
inflationCounter = 0;
```

Die abgelaufene Zeit im Inflationsmodus ist 0. Die Benutzereinstellung `inflationTime` wird auf 0 gesetzt.

```
inflationTime = 0;
[[NSUserDefaults standardUserDefaults]
    setInteger:0 forKey:@"inflationTime"];
```

Der Kontostand am Anfang ist 100 €, was für 20 Schüsse zu je 5 € ausreicht.

```
money = 100;
```

Der Zähler für die Beträge der gesammelten Banknoten ist 0.

```
moneyCounter = 0;
```

Der Status des Geldzählers für die Meldung der Achievements ist 0.

```
moneyCounterState = 0;
```

Die Anzahl der Schüsse ist 0.

```
shotCounter = 0;
```

Der Zähler für die Reihenfolge in einer Banknotenserie ist 0.

```
straightCounter = 0;
```

Der Zähler für die Anzahl der gesammelten Banknotenserien ist 0.

```
straightSeriesCounter = 0;
```

Der Zähler für die Anzahl der getroffenen Feinde ist 0.

```
terroristCounter = 0;
```

Das Spiel lädt den Hintergrund und zeigt ihn auf dem Bildschirm an.

```
CCSprite *background =
  [CCSprite spriteWithFile:@"DoYourJob.png"];
background.anchorPoint = ccp(0, 0);
background.position = ccp(0, 0);
background.zOrder = 1;
[self addChild:background];
```

Das Etikett für die angezeigte Spielzeit erscheint.

```
gameTimeLabel = [CCLabelBMFont
  labelWithString:@"0.0" fntFile:@"Typewriter_01.fnt"];
if (isPhone) {
  gameTimeLabel.position =  ccp(480 / 2, 0 + 12);
} else {
  gameTimeLabel.position =  ccp(1024 / 2, 0 + 24);
}
gameTimeLabel.zOrder = 2;
[self addChild: gameTimeLabel];
```

Der Strang `gameTimeUpdate` zum Auffrischen der angezeigten Spielzeit startet.

```
[self schedule:@selector(gameTimeUpdate:) interval:0.1];
```

Das Etikett mit der späteren Aufschrift Inflation entsteht. Zunächst zeigt es nur ein Leerzeichen an und ist somit unsichtbar.

```
inflationLabel = [CCLabelBMFont
  labelWithString:@" " fntFile:@"Typewriter_01.fnt"];
if (isPhone) {
  inflationLabel.position =  ccp(480 / 2, 320 - 12 - 24);
} else {
  inflationLabel.position =  ccp(1024 / 2, 768 - 24 - 48);
}
inflationLabel.zOrder = 2;
[self addChild: inflationLabel];
```

Das Etikett für die angezeigte Inflationszeit entsteht. Zunächst zeigt es nur ein Leerzeichen an und ist somit unsichtbar.

```
inflationTimeLabel = [CCLabelBMFont
  labelWithString:@" " fntFile:@"Typewriter_01.fnt"];
if (isPhone) {
  inflationTimeLabel.position =  ccp(480 / 2,
    320 - 12 - 2 * 24);
```

```
} else {
  inflationTimeLabel.position = ccp(1024 / 2,
    768 - 24 - 2 * 48);
}
inflationTimeLabel.zOrder = 2;
[self addChild: inflationTimeLabel];
```

Das Etikett für den Kontostand wird erschaffen.

```
moneyLabel = [CCLabelBMFont labelWithString:[[NSString
  stringWithFormat:@"%d", money]
  stringByAppendingString:@" €"]
  fntFile:@"Typewriter_01.fnt"];
if (isPhone) {
  moneyLabel.position = ccp(480 / 2, 320 - 12);
} else {
  moneyLabel.position = ccp(1024 / 2, 768 - 24);
}
moneyLabel.zOrder = 2;
[self addChild: moneyLabel];
```

Abhängig von der ausgewählten Option für das Spielerbild, erscheint einer der vier Charaktere.

```
if ([[NSUserDefaults standardUserDefaults]
    integerForKey:@"character"] == 1) {
  player = [CCSprite spriteWithFile:@"People_001.png"];
} else if ([[NSUserDefaults standardUserDefaults]
    integerForKey:@"character"] == 2) {
  player = [CCSprite spriteWithFile:@"People_002.png"];
} else if ([[NSUserDefaults standardUserDefaults]
    integerForKey:@"character"] == 3) {
  player = [CCSprite spriteWithFile:@"People_003.png"];
} else {
  player = [CCSprite spriteWithFile:@"People_004.png"];
}
player.flipX = true;
if (isPhone) {
  player.position = ccp(32 / 2 + 8, 320 / 2);
} else {
  player.position = ccp(64 / 2 + 16, 768 / 2);
}
player.zOrder = 2;
[self addChild:player];
```

Die sechs Arrays für Banknoten, Emoticons, Freunde, Kugeln der Freunde, Feinde und Kugeln der Feinde werden alloziert.

```
banknoteArray = [[NSMutableArray alloc] init];
emoticonArray = [[NSMutableArray alloc] init];
friendArray = [[NSMutableArray alloc] init];
playerBulletArray = [[NSMutableArray alloc] init];
terroristArray = [[NSMutableArray alloc] init];
terroristBulletArray = [[NSMutableArray alloc] init];
}
```

Der Bildschirm reagiert auf mehrfache Berührungen.

```
[[[CCDirector sharedDirector] touchDispatcher]
  addTargetedDelegate:self priority:0 swallowsTouches:YES];
[[[CCDirector sharedDirector] view]
  setMultipleTouchEnabled:TRUE];
```

Wenn die Benutzereinstellung isMusicOn aktiviert ist, wird die Hintergrundmusik abgespielt.

```
if ([[NSUserDefaults standardUserDefaults]
  boolForKey:@"isMusicOn"]) {
  [[SimpleAudioEngine sharedEngine]
    playBackgroundMusic:@"Blues.aiff" loop:YES];
}
```

Der Strang addPeople zum Hinzufügen eines Freundes oder Feindes startet.

```
[self schedule:@selector(addPeople:) interval:0.1];
```

Der Strang revenge zum Zurückschießen eines Feindes auf den Officer startet.

```
[self schedule:@selector(revenge:) interval:0.1];
```

Der Strang gameUpdate zur Reaktion auf Spielereignisse startet.

```
[self schedule:@selector(gameUpdate:)];
return self;
}
```

Die Methode gameTimeUpdate erneuert die abgelaufene Spielzeit auf dem Etikett.

```
-(void)gameTimeUpdate:(ccTime)dt {
  gameTime += 1;
  if (gameTime <= 9) {
    [gameTimeLabel setString:
      [@"0." stringByAppendingString:
      [NSString stringWithFormat:@"%d", gameTime]]];
  } else {
    [gameTimeLabel setString:
      [[NSString stringWithFormat:@"%d", gameTime / 10]
```

```
      stringByAppendingString:[@"." stringByAppendingString:
      [NSString stringWithFormat:@"%d", gameTime % 10]]]];
  }
}
```

Die entsprechenden Anweisungen für Cocos2D-X sind:

```
bool DoYourJob::init()
{
  if (!CCLayer::init()) {
    return false;
  }
  isS2 = CCDirector::sharedDirector()->getWinSize().width
    == 800.0f;
  gameOver = false;
  isInflation = false;
  friendCounter = 0;
  gameTime = 0;
  inflationCounter = 0;
  inflationTime = 0;
  CCUserDefault::sharedUserDefault()
    ->setIntegerForKey("inflationTime", inflationTime);
  money = 100;
  moneyCounter = 0;
  moneyCounterState = 0;
  shotCounter = 0;
  straightCounter = 0;
  straightSeriesCounter = 0;
  terroristCounter = 0;
  CCSprite *background;
  if (isS2) {
    background = CCSprite::create("Background-s2.png");
  } else {
    background = CCSprite::create("Background-s3.png");
  }
  background->setAnchorPoint(ccp(0,0));
  background->setPosition(ccp(0,0));
  this->addChild(background, 1);
  if (isS2) {
    gameTimeLabel = CCLabelBMFont::create("0.0",
      "Typewriter_01-s2.fnt");
    gameTimeLabel->setPosition(800 / 2, 0 + 24);
  } else {
    gameTimeLabel = CCLabelBMFont::create("0.0",
      "Typewriter_01-s3.fnt");
    gameTimeLabel->setPosition(1280 / 2, 0 + 24);
```

```
}
this->addChild(gameTimeLabel, 2);
this->schedule(schedule_selector(DoYourJob::gameTimeUpdate),
  0.1);
if (isS2) {
  inflationLabel = CCLabelBMFont::create(" ",
    "Typewriter_01-s2.fnt");
  inflationLabel->setPosition(ccp(800 / 2, 480 - 24 - 48));
} else {
  inflationLabel = CCLabelBMFont::create(" ",
    "Typewriter_01-s3.fnt");
  inflationLabel->setPosition(ccp(1280/2, 720 - 24 - 48));
}
this->addChild(inflationLabel, 2);
if (isS2) {
  inflationTimeLabel = CCLabelBMFont::create(" ",
    "Typewriter_01-s2.fnt");
  inflationTimeLabel->setPosition(ccp(800 / 2,
    480 - 24 - 2 * 48));
} else {
  inflationTimeLabel = CCLabelBMFont::create(" ",
    "Typewriter_01-s3.fnt");
  inflationTimeLabel->setPosition(ccp(1280 / 2,
    720 - 24 - 2 * 48));
}
this->addChild(inflationTimeLabel, 2);
std::string moneyString(floatToStr(money));
moneyString.append(" €");
if (isS2) {
  moneyLabel = CCLabelBMFont::create(moneyString.c_str(),
    "Typewriter_01-s2.fnt");
  moneyLabel->setPosition(ccp(800 / 2, 480 - 24));
} else {
  moneyLabel = CCLabelBMFont::create(moneyString.c_str(),
    "Typewriter_01-s3.fnt");
  moneyLabel->setPosition(ccp(1280 / 2, 720 - 24));
}
this->addChild(moneyLabel, 2);
if( CCUserDefault::sharedUserDefault()
  ->getIntegerForKey("character") == 1) {
  if (isS2) {
    player = CCSprite::create("People_001-s2.png");
  } else {
    player = CCSprite::create("People_001-s3.png");
  }
```

```
} else if (CCUserDefault::sharedUserDefault()
  ->getIntegerForKey("character") == 2) {
  if (isS2) {
    player = CCSprite::create("People_002-s2.png");
  } else {
    player = CCSprite::create("People_002-s3.png");
  }
} else if (CCUserDefault::sharedUserDefault()
  ->getIntegerForKey("character") == 3) {
  if(isS2) {
    player = CCSprite::create("People_003-s2.png");
  } else {
    player = CCSprite::create("People_003-s3.png");
  }
} else {
  if (isS2) {
    player = CCSprite::create("People_004-s2.png");
  } else {
    player = CCSprite::create("People_004-s3.png");
  }
}
player->setFlipX(true);
if (isS2) {
  player->setPosition(ccp(48 / 2 + 12, 480 / 2));
} else {
  player->setPosition(ccp(64 / 2 + 16, 720 / 2));
}
this->addChild(player, 2);
banknoteArray = new CCArray();
emoticonArray = new CCArray();
friendArray = new CCArray();
playerBulletArray = new CCArray();
terroristArray = new CCArray();
terroristBulletArray = new CCArray();
CCDirector::sharedDirector()->getTouchDispatcher()
  ->addTargetedDelegate(this, 1, true);
if (CCUserDefault::sharedUserDefault()
  ->getBoolForKey("isMusicOn")) {
  SimpleAudioEngine::sharedEngine()
    ->playBackgroundMusic("Blues.wav", true);
}
this->schedule(schedule_selector(DoYourJob::addPeople),
  0.1);
```

```
this->schedule(schedule_selector(DoYourJob::revenge), 0.1);
this->schedule(schedule_selector(DoYourJob::gameUpdate));
return true;
}
```

Die Methode gameTimeUpdate ist:

```
void DoYourJob::gameTimeUpdate(CCTime dt) {
  gameTime += 1;
  if (gameTime <= 9) {
    std::string gameTimeString("0.");
    gameTimeString.append(floatToStr(gameTime));
    gameTimeLabel->setString(gameTimeString.c_str());
  } else {
    std::string gameTimeString(floatToStr(gameTime / 10));
    gameTimeString.append(".");
    gameTimeString.append(floatToStr(gameTime % 10));
    gameTimeLabel->setString(gameTimeString.c_str());
  }
}
```

9.2.2 Eigenschaften deallozieren

Am Ende des Spiels müssen wir die Arrays deallozieren. Alle Spielelemente von Cocos2D, zum Beispiel Sprites und Etiketten, werden automatisch dealloziert, sobald sie nicht mehr nötig sind.

```
-(void)dealloc
{
    [banknoteArray release];
    banknoteArray = nil;
    [emoticonArray release];
    emoticonArray = nil;
    [friendArray release];
    friendArray = nil;
    [playerBulletArray release];
    playerBulletArray = nil;
    [terroristArray release];
    terroristArray = nil;
    [terroristBulletArray release];
    terroristBulletArray = nil;
    [super dealloc];
}
```

Die entsprechenden Anweisungen für Cocos2D-X sind

```
DoYourJob::~DoYourJob() {
  banknoteArray->release();
  banknoteArray = NULL;
  emoticonArray->release();
  emoticonArray = NULL;
  friendArray->release();
  friendArray = NULL;
  playerBulletArray->release();
  playerBulletArray = NULL;
  terroristArray->release();
  terroristArray = NULL;
  terroristBulletArray->release();
  terroristBulletArray = NULL;
}
```

9.3 Benutzereingaben verarbeiten

9.3.1 Den Officer bewegen

Die Bewegung des Officers längs des linken Bildrandes findet in der Methode ccTouchMoved statt. Der Quellcode ist bereits aus einem früheren Kapitel bekannt.

```
-(void)ccTouchMoved:(UITouch *)touch
  withEvent:(UIEvent *)event {
  if (!gameOver) {
    CGPoint oldTouchPoint = [self convertToNodeSpace:
      [[CCDirector sharedDirector]
      convertToGL:[touch previousLocationInView:touch.view]]];
    CGPoint newTouchPoint =
      [self convertTouchToNodeSpace:touch];
    if (isPhone) {
      if (newTouchPoint.x >= 0 && newTouchPoint.x
        <= 8 + 32 + 8 && newTouchPoint.y >=
        (player.position.y - 32) && newTouchPoint.y <=
        (player.position.y + 32)) {
        CGPoint distance = ccpSub(newTouchPoint,
          oldTouchPoint);
        distance.x = 0;
        player.position = ccpAdd(player.position, distance);
      }
    } else {
      if (newTouchPoint.x >= 0 && newTouchPoint.x <=
        16 + 64 + 16 && newTouchPoint.y >=
```

```
      (player.position.y - 64) && newTouchPoint.y <=
      (player.position.y + 64)) {
      CGPoint distance = ccpSub(newTouchPoint,
      oldTouchPoint);
      distance.x = 0;
      player.position = ccpAdd(player.position, distance);
    }
   }
 }
}
```

Die entsprechenden Anweisungen für Cocos2D-X sind:

```
void DoYourJob::ccTouchMoved(CCTouch* touch, CCEvent* event) {
  if (!gameOver) {
    CCPoint oldTouchPoint =
    CCNode::convertToNodeSpace(CCDirector::sharedDirector()
      ->convertToGL(touch->previousLocationInView()));
    CCPoint newTouchPoint =
      CCNode::convertToNodeSpace(CCDirector::sharedDirector()
      ->convertToGL(touch->locationInView()));
    if (isS2) {
      if (newTouchPoint.x >=0 &&
        newTouchPoint.x <= 12 + 48 + 12 &&
        newTouchPoint.y >= (player->getPosition().y - 48) &&
        newTouchPoint.y <= (player->getPosition().y + 48)) {
        CCPoint distance = ccpSub(newTouchPoint,
          oldTouchPoint);
        distance.x = 0;
        player->setPosition(ccpAdd(player->getPosition(),
        distance));
      }
    } else {
      if (newTouchPoint.x >=0 &&
        newTouchPoint.x <= 16 + 64 + 16 &&
        newTouchPoint.y >= (player->getPosition().y - 64) &&
        newTouchPoint.y <= (player->getPosition().y + 64)) {
        CCPoint distance = ccpSub(newTouchPoint,
          oldTouchPoint);
        distance.x = 0;
        player->setPosition(ccpAdd(player->getPosition(),
          distance));
      }
    }
  }
}
```

9.3.2 Einen Schuss abgeben

Die Abgabe eines Schusses des Officers findet in der Methode `ccTouchBegan` statt. Der meiste Quellcode ist bereits aus einem früheren Kapitel bekannt.

```
-(BOOL)ccTouchBegan:(UITouch *)touch
 withEvent:(UIEvent *)event {
  if (!gameOver) {
    CGPoint touchPoint = [self convertTouchToNodeSpace:touch];
    float x1 = player.position.x;
    float y1 = player.position.y;
    float x2 = touchPoint.x;
    float y2 = touchPoint.y;
    if (isPhone) {
      if (x2 >= 0 && x2 <= 8 + 32 + 8) {
        return TRUE;
      }
    } else {
      if (x2 >= 0 && x2 <= 16 + 64 + 16) {
        return TRUE;
      }
    }
```

Die Anzahl der abgegebenen Schüsse wird um 1 erhöht.

```
    shotCounter++;
```

Wenn 100, 250, 500 oder 1000 Schüsse abgegeben sind, verdient sich der Spieler ein Achievement.

```
    if (shotCounter == 100) {
      [self reportAchievement:1];
    } else if (shotCounter == 250) {
      [self reportAchievement:2];
    } else if (shotCounter == 500) {
      [self reportAchievement:3];
    } else if (shotCounter == 1000) {
      [self reportAchievement:4];
    }
    float width;
    float velocity;
    if (isPhone) {
      y1 -= 12;
      width = sqrtf(480 * 480 + 320 * 320);
      velocity = 240.0;
    } else {
      y1 -= 24;
      velocity = 512.0;
```

```
    width = sqrtf(1024 * 1024 + 768 * 768);
}
CCSprite *bullet = [CCSprite
    spriteWithFile:@"Bullet_01.png"];
bullet.position = ccp(x1, y1);
bullet.rotation = -atanf((y2 - y1) / (x2 - x1))
    / 6.2832 * 360;
bullet.zOrder = 4;
[self addChild:bullet];
```

Die Kugel wird dem `playerBulletArray` hinzugefügt, um später ständig zu prüfen, ob sie einen Freund oder Feind trifft.

```
[playerBulletArray addObject:bullet];
CGPoint deltaPosition = ccp(x2 - x1, y2 - y1);
deltaPosition = ccpMult(deltaPosition,
    width / sqrtf(deltaPosition.x * deltaPosition.x
    + deltaPosition.y * deltaPosition.y));
float time = width / velocity;
[bullet runAction:[CCSequence actions:[CCMoveBy
    actionWithDuration:time position:deltaPosition],
    [CCCallFuncN actionWithTarget:self
    selector:@selector(playerBulletEnded:)], nil]];
if ([[NSUserDefaults standardUserDefaults]
    boolForKey:@"isSoundOn"]) {
    [[SimpleAudioEngine sharedEngine]
        playEffect:@"Shot.aiff"];
}
```

Jeder Schuss kostet 5 €.

```
money -= 5;
```

Das Etikett mit dem Kontostand erhält eine neue Zeichenkette.

```
[moneyLabel setString:[[NSString stringWithFormat:@"%d",
    money] stringByAppendingString:@" €"]];
```

Wenn der Kontostand durch den Schuss kleiner als 0 ist, erscheint ein Emoticon.

```
if (money < 0) {
    CCSprite *emoticon = [CCSprite
        spriteWithFile:@"Angry.png"];
    if (isPhone) {
        emoticon.position = ccp(480 / 2, 320 - 24 - 16);
    } else {
        emoticon.position = ccp(1024 / 2, 768 - 48 - 32);
```

```
    }
    emoticon.zOrder = 5;
    [self addChild:emoticon];
```

Das Spiel wird gestoppt.

```
    [self stopGame];
    }
  }
  return TRUE;
}
```

Die Methode `playerBulletEnded` entfernt die Kugel vom Bildschirm, sobald sie ihre Flugweite erreicht hat.

```
-(void)playerBulletEnded:(id)sender {
  [playerBulletArray removeObject:sender];
  [self removeChild:sender cleanup:YES];
}
```

Die entsprechenden Anweisungen für Cocos2D-X sind:

```
bool DoYourJob::ccTouchBegan(CCTouch* touch, CCEvent* event) {
  if (!gameOver) {
    CCPoint touchPoint =
      CCNode::convertTouchToNodeSpace(touch);
    float x1 = player->getPosition().x;
    float y1 = player->getPosition().y;
    float x2 = touchPoint.x;
    float y2 = touchPoint.y;
    if (isS2) {
      if (x2 >= 0 && x2 <= 12 + 48 + 12) {
        return true;
      }
    } else {
      if (x2 >= 0 && x2 <= 16 + 64 + 16) {
        return true;
      }
    }
    shotCounter++;
    if (shotCounter == 100) {
      reportAchievement(1);
    } else if (shotCounter == 250) {
      reportAchievement(2);
    } else if (shotCounter == 500) {
      reportAchievement(3);
    } else if (shotCounter == 1000) {
      reportAchievement(4);
```

```
}
float width;
float velocity;
if (isS2) {
  y1 -= 12;
  width = sqrt(800 * 800 + 480 * 480);
  velocity = 400.0;
} else {
  y1 -= 24;
  velocity = 640.0;
  width = sqrt(1280 * 1280 + 720 * 720);
}
CCSprite *bullet;
if (isS2) {
  bullet = CCSprite::create("Bullet_01-s2.png");
} else {
  bullet = CCSprite::create("Bullet_01-s3.png");
}
bullet->setPosition(ccp(x1, y1));
bullet->setRotation(-atan((y2 - y1) / (x2 - x1))
  / 6.2832 * 360);
this->addChild(bullet, 4);
CCPoint deltaPosition = ccp(x2 - x1, y2 - y1);
deltaPosition = ccpMult(deltaPosition,
  width / sqrt(deltaPosition.x * deltaPosition.x +
  deltaPosition.y * deltaPosition.y));
float time = width / velocity;
CCFiniteTimeAction* bulletAction =
  CCCallFuncN::create(this,
  callfuncN_selector(DoYourJob::playerBulletEnded));
CCMoveBy *action = new CCMoveBy();
action->initWithDuration(time, deltaPosition);
CCFiniteTimeAction *actions = CCSequence::create(action,
  bulletAction, NULL);
bullet->runAction(actions);
playerBulletArray->addObject(bullet);
if (CCUserDefault::sharedUserDefault()
  ->getBoolForKey("isSoundOn")) {
  SimpleAudioEngine::sharedEngine()
    ->playEffect("Shot.wav");
}
money -= 5;
std::string moneyString(floatToStr(money));
moneyString.append(" €");
moneyLabel->setString(moneyString);
```

```
    if (money < 0) {
      CCSprite *emoticon;
      if (isS2) {
        emoticon = CCSprite::create("Angry-s2.png");
        emoticon->setPosition(ccp(800 / 2, 480 - 24 - 24));
      } else {
        emoticon = CCSprite::create("Angry-s3.png");
        emoticon->setPosition(ccp(1280 / 2, 720 - 24 - 32));
      }
      addChild(emoticon, 5);
      stopGame();
    }
  }
  return true;
}
```

9.3.3   Ein Spiel beenden

Die Methode stopGame beendet das Spiel.

```
-(void)stopGame {
```

Das Spiel ist vorüber.

```
  gameOver = true;
```

Wenn der Sound an ist, endet die Hintergrundmusik, und ein Alarm ertönt.

```
  if ([[NSUserDefaults standardUserDefaults]
    boolForKey:@"isSoundOn"]) {
    [[SimpleAudioEngine sharedEngine] stopBackgroundMusic];
    [[SimpleAudioEngine sharedEngine]
      playEffect:@"Alarm.aiff"];
  }
```

Alle Stränge werden angehalten.

```
  [self unscheduleAllSelectors];
```

Alle Aktionen der Banknoten, Emoticons, Freunde, Kugeln des Spielers, Feinde, Kugeln der Feinde stoppen, sodass der Bildschirm einfriert.

```
  for (CCSprite *banknote in banknoteArray) {
    [banknote stopAllActions];
  }
  for (CCSprite *emoticon in emoticonArray) {
    [emoticon stopAllActions];
  }
```

```
for (CCSprite *friend in friendArray) {
  [friend stopAllActions];
}
for (CCSprite *playerBullet in playerBulletArray) {
  [playerBullet stopAllActions];
}
for (CCSprite *terrorist in terroristArray) {
  [terrorist stopAllActions];
}
for (CCSprite *terroristBullet in terroristBulletArray) {
  [terroristBullet stopAllActions];
}
```

Die abgelaufene Spielzeit `gameTime` wird in den Benutzereinstellungen gespeichert.

```
[[NSUserDefaults standardUserDefaults] setInteger:gameTime
  forKey:@"gameTime"];
```

Wenn die letzte Inflationszeit größer als die gespeicherte Inflationszeit ist, wird der gespeicherte Wert überschrieben. An einer späteren Stelle wird die größte Inflationszeit ans Leaderboard übertragen, sodass sie jetzt gesichert werden muss.

```
if ([[NSUserDefaults standardUserDefaults]
  integerForKey:@"inflationTime"] < inflationTime) {
  [[NSUserDefaults standardUserDefaults]
    setInteger:inflationTime forKey:@"inflationTime"];
}
```

Der Kontostand wird ebenfalls gesichert.

```
[[NSUserDefaults standardUserDefaults] setInteger:money
  forKey:@"money"];
```

Eine Aktion startet, die nach 6 Sekunden Wartezeit für den Alarm und den eingefrorenen Bildschirm zur Methode `showKeyboardScene` führt.

```
[self runAction:[CCSequence actions:[CCDelayTime
  actionWithDuration:6.0],
  [CCCallFuncN actionWithTarget:self
  selector:@selector(showKeyboardScene:)], nil]];
}
```

Die Methode `showKeyboardScene` zeigt in einem späteren Kapitel ein Keyboard an, damit der Spieler die Daten für Kontostand, Spielzeit und Inflationszeit im Leaderboard speichern kann. An dieser Stelle starten wir die `DoYourJobScene` erneut, sodass ein neues Spiel beginnt.

```
-(void)showKeyboardScene:(id)sender {
  [[CCDirector sharedDirector]
    replaceScene:[DoYourJobScene node]];
}
```

Die entsprechenden Anweisungen für Cocos2D-X sind:

```
void DoYourJob::stopGame() {
  gameOver = true;
  if (CCUserDefault::sharedUserDefault()
    ->getBoolForKey("isSoundOn")) {
    SimpleAudioEngine::sharedEngine()->stopBackgroundMusic();
    SimpleAudioEngine::sharedEngine()
      ->playEffect("Alarm.wav");
  }
  unscheduleAllSelectors();
  CCObject *banknoteObj;
  CCARRAY_FOREACH(banknoteArray, banknoteObj) {
    CCSprite *banknote = static_cast<CCSprite*> (banknoteObj);
    banknote->stopAllActions();
  }
  CCObject *emoticonObj;
  CCARRAY_FOREACH(emoticonArray, emoticonObj) {
    CCSprite *emoticon = static_cast<CCSprite*> (emoticonObj);
    emoticon->stopAllActions();
  }
  CCObject *friendObj;
  CCARRAY_FOREACH(friendArray, friendObj) {
    CCSprite *f = static_cast<CCSprite*> (friendObj);
    f->stopAllActions();
  }
  CCObject *playerBulletObj;
  CCARRAY_FOREACH(playerBulletArray, playerBulletObj) {
    CCSprite *playerBullet =
    static_cast<CCSprite*> (playerBulletObj);
    playerBullet->stopAllActions();
  }
  CCObject *terroristObj;
  CCARRAY_FOREACH(terroristArray, terroristObj) {
    CCSprite *terrorist = static_cast<CCSprite*>
    (terroristObj);
    terrorist->stopAllActions();
  }
  CCObject *terroristBulletObj;
  CCARRAY_FOREACH(terroristBulletArray, terroristBulletObj) {
    CCSprite *terroristBullet = static_cast<CCSprite*>
```

```
      (terroristBulletObj);
  terroristBullet->stopAllActions();
}
CCUserDefault::sharedUserDefault()
  ->setIntegerForKey("gameTime", gameTime);
if (CCUserDefault::sharedUserDefault()
  ->getIntegerForKey("inflationTime") < inflationTime) {
  CCUserDefault::sharedUserDefault()
    ->setIntegerForKey("inflationTime", inflationTime);
}
CCUserDefault::sharedUserDefault()
  ->setIntegerForKey("money", money);
int newMoney = CCUserDefault::sharedUserDefault()
  ->getIntegerForKey("money");
runAction(CCSequence::create(CCDelayTime::create(6.0),
  CCCallFuncN::create(this,
  callfuncN_selector(DoYourJob::showKeyboardScene)), NULL));
}

void DoYourJob::showKeyboardScene(CCNode* sender) {
  CCDirector::sharedDirector()
    ->replaceScene(CCTransitionPageTurn::create(1,
    Menu::scene(), NULL));
}
```

9.4 Spielelemente zufällig erscheinen lassen

9.4.1 Leute hinzufügen

Die Methode `addPeople` startet zehnmal pro Sekunde und fügt abhängig von einer Zufallszahl einen Freund oder einen Feind hinzu.

```
-(void)addPeople:(ccTime)dt{
```

Der Ausdruck `arc4random() % <zahl>` liefert eine Zufallszahl von 0 bis zur angegebenen Zahl, vermindert um 1, also hier von 0 bis 99.

```
    int random = arc4random() % 100; // from 0 to 99
```

Wenn `gameTime` direkt zu Spielbeginn noch gleich 0 ist, hat der Ausdruck `2 + gameTime / 6000.0 * 2.0` den Wert 0. Wenn die Zufallszahl kleiner als 2 ist, wird ein Feind hinzugefügt. Bei 10 Aufrufen pro Sekunde bedeutet dies, dass ungefähr alle 5 Sekunden ein Feind hinzukommt. Wenn `gameTime` gleich 6000 ist, also nach 10 Minuten, verdoppelt sich diese Rate.

```
if (random <= 2 + gameTime / 6000.0 * 2.0) {
    [self addTerrorist];
```

Die Rate für die Freunde ist fünfmal so groß. Wenn kein Feind entstanden ist, wird geprüft, ob ein Freund erscheint.

```
} else if (random <= 10 + gameTime / 6000.0 * 10.0) {
    [self addFriend];
}
}
```

Die entsprechenden Anweisungen für Cocos2D-X sind:

```
void DoYourJob::addPeople(CCTime dt) {
  int random = arc4random() % 100;
  if (random <= 2 + gameTime / 6000.0 * 2.0) {
    addTerrorist();
  } else if(random <= 10 + gameTime / 6000.0 * 10.0) {
    addFriend();
  }
}
```

9.4.2 Freunde hinzufügen

Die Methode `addFriend` fügt einen Freund am rechten Rand des Bildschirms hinzu und bewegt ihn geradlinig zum linken Rand.

```
-(void)addFriend {
```

Ein Array enthält alle Namen für Bilddateien.

```
NSArray *array = [NSArray arrayWithObjects:
    @"People_101.png", @"People_102.png", @"People_103.png",
    @"People_104.png",
    @"People_105.png", @"People_106.png", @"People_107.png",
    @"People_108.png",
    @"People_109.png", @"People_110.png", @"People_111.png",
    @"People_112.png",
    @"People_113.png", @"People_114.png", @"People_115.png",
    @"People_116.png",
    @"People_117.png", @"People_118.png", @"People_119.png",
    @"People_120.png",
    nil];
```

Ein Freund wird mit einem zufällig ausgewählten Bild erzeugt.

```
CCSprite *people = [CCSprite spriteWithFile:[array
    objectAtIndex:arc4random() % 20]];
```

Die Platzierung am rechten Bildrand ist zufällig.

```
if (isPhone) {
  people.position = ccp(480 + 16, 16 + arc4random()
    % (320 - 32));
} else {
  people.position = ccp(1024 + 32, 32 + arc4random()
    % (768 - 64));
}
people.zOrder = 3;
[self addChild:people];
float width;
float velocity;
```

Die Geschwindigkeit ist ebenfalls zufällig. Sie ist so gewählt, dass ein Freund am Spielanfang mindestens 4 Sekunden und nach 10 Minuten zwischen 2 und 4 Sekunden für den Weg braucht.

```
if (isPhone) {
  width = 480;
  velocity = 120.0 + (arc4random() % 100 / 100.0) * 120.0
    * gameTime / 6000.0;
} else {
  width = 1024;
  velocity = 256.0 + (arc4random() % 100 / 100.0) * 256.0
    * gameTime / 6000.0;
}
float time = width / velocity;
if (isPhone) {
  [people runAction:[CCSequence actions:[CCMoveTo
    actionWithDuration:time position:ccp(-16,
    people.position.y)],
    [CCCallFuncN actionWithTarget:self
    selector:@selector(friendEnded:)], nil]];
} else {
  [people runAction:[CCSequence actions:[CCMoveTo
    actionWithDuration:time position:ccp(-32,
    people.position.y)],
    [CCCallFuncN actionWithTarget:self
    selector:@selector(friendEnded:)], nil]];
}
```

Der Freund wird noch dem `friendArray` hinzugefügt.

```
[friendArray addObject:people];
}
```

Die separate Methode `friendEnded` am Ende der Aktion entfernt den Freund aus dem `friendArray` und vom Bildschirm.

```
-(void)friendEnded:(id)sender {
  [friendArray removeObject:sender];
  [self removeChild:sender cleanup:YES];
}
```

Die entsprechenden Anweisungen für Cocos2D-X sind:

```
void DoYourJob::addFriend() {
  const char* array[] = {
    "People_101-s2.png", "People_102-s2.png",
    "People_103-s2.png", "People_104-s2.png",
    "People_105-s2.png", "People_106-s2.png",
    "People_107-s2.png", "People_108-s2.png",
    "People_109-s2.png", "People_110-s2.png",
    "People_111-s2.png", "People_112-s2.png",
    "People_113-s2.png", "People_114-s2.png",
    "People_115-s2.png", "People_116-s2.png",
    "People_117-s2.png", "People_118-s2.png",
    "People_119-s2.png", "People_120-s2.png",
    "People_101-s3.png", "People_102-s3.png",
    "People_103-s3.png", "People_104-s3.png",
    "People_105-s3.png", "People_106-s3.png",
    "People_107-s3.png", "People_108-s3.png",
    "People_109-s3.png", "People_110-s3.png",
    "People_111-s3.png", "People_112-s3.png",
    "People_113-s3.png", "People_114-s3.png",
    "People_115-s3.png", "People_116-s3.png",
    "People_117-s3.png", "People_118-s3.png",
    "People_119-s3.png", "People_120-s3.png" };
  CCSprite *people;
  if (isS2) {
    people = CCSprite::create(array[arc4random() % 20]);
    people->setPosition(ccp(800 + 24, 24 +
      arc4random() % (480 - 48)));
  } else {
    people = CCSprite::create(array[20 + arc4random() % 20]);
    people->setPosition(ccp(1280 + 32, 32 +
      arc4random() % (720 - 64)));
  }
  this->addChild(people, 3);
  float width;
  float velocity;
  if (isS2) {
```

```
    width = 800.0;
    velocity = 200.0 + (arc4random() % 100 / 100.0) * 200.0
      * gameTime / 6000.0;
  } else {
    width = 1280.0;
    velocity = 320.0 + (arc4random() % 100 / 100.0) * 320.0
      * gameTime / 6000.0;
  }
  float time = width / velocity;
  if (isS2) {
    people->runAction(CCSequence::create(
      CCMoveTo::create(time, ccp(-24,
      people->getPosition().y)), CCCallFuncN::create(this,
      callfuncN_selector(DoYourJob::friendEnded)),
      NULL));
  } else {
    people->runAction(CCSequence::create(
      CCMoveTo::create(time, ccp(-32,
      people->getPosition().y)), CCCallFuncN::create(this,
      callfuncN_selector(DoYourJob::friendEnded)),
      NULL));
  }
  friendArray->addObject(people);
}

void DoYourJob::friendEnded(CCNode* sender) {
  CCSprite *sprite = (CCSprite *) sender;
  this->removeChild(sprite, true);
}
```

9.4.3　Feinde hinzufügen

Die Methode `addTerrorist` fügt am rechten Rand des Bildschirms einen Feind hinzu und bewegt ihn geradlinig zum linken Rand.

```
-(void)addTerrorist {
```

Ein Array enthält alle Namen für Bilddateien der Feinde.

```
NSArray *array = [NSArray arrayWithObjects:
  @"People_901.png", @"People_902.png", @"People_903.png",
  @"People_904.png",
  @"People_905.png", @"People_906.png", @"People_907.png",
  @"People_908.png",
  nil];
```

Ein Feind wird mit einem zufällig ausgewählten Bild erzeugt.

```
CCSprite *people = [CCSprite spriteWithFile:[array
    objectAtIndex:arc4random() % 8]];
```

Die Position des Feindes am linken Bildrand ist zufällig gewählt.

```
if (isPhone) {
    people.position = ccp(480 + 16, 16 + arc4random()
        % (320 - 32));
} else {
    people.position = ccp(1024 + 32, 32 + arc4random()
        % (768 - 64));
}
people.zOrder = 3;
[self addChild:people];
float width;
float velocity;
```

Die Geschwindigkeit ist entsprechend den Freunden eingestellt.

```
if (isPhone) {
    width = 480;
    velocity = 120.0 + (arc4random() % 100 / 100.0)
        * 120.0 * gameTime / 6000.0;
} else {
    width = 1024;
    velocity = 256.0 + (arc4random() % 100 / 100.0)
        * 256.0 * gameTime / 6000.0;
}
float time = width / velocity;
if (isPhone) {
    [people runAction:[CCSequence actions:
        [CCMoveTo actionWithDuration:time position:ccp(16 + 8,
        people.position.y)],
        [CCCallFuncN actionWithTarget:self
        selector:@selector(terroristEnded:)], nil]];
} else {
    [people runAction:[CCSequence actions:
        [CCMoveTo actionWithDuration:time position:ccp(32 + 16,
        people.position.y)],
        [CCCallFuncN actionWithTarget:self
        selector:@selector(terroristEnded:)], nil]];
}
```

Der Feind kommt ins `terroristArray`.

```
[terroristArray addObject:people];
}
```

Die separate Methode `terroristEnded` zeigt zunächst ein Emoticon neben dem Feind an als Hinweis, dass ein Feind die Bank betreten hat.

```
-(void)terroristEnded:(id)sender {
  CCSprite *emoticon = [CCSprite spriteWithFile:@"Angry.png"];
  if (isPhone) {
    emoticon.position = ccp(8 + 1.5 * 32, ((CCSprite *)
      sender).position.y);
  } else {
    emoticon.position = ccp(16 + 1.5 * 64, ((CCSprite *)
      sender).position.y);
  }
  emoticon.zOrder = 5;
  [self addChild:emoticon];
```

Am Ende der Methode wird das Spiel gestoppt.

```
[self stopGame];
}
```

Die entsprechenden Anweisungen für Cocos2D-X sind:

```
void DoYourJob::addTerrorist() {
  const char* array[] = {
    "People_901-s2.png", "People_902-s2.png",
    "People_903-s2.png", "People_904-s2.png",
    "People_905-s2.png", "People_906-s2.png",
    "People_907-s2.png", "People_908-s2.png",
    "People_901-s3.png", "People_902-s3.png",
    "People_903-s3.png", "People_904-s3.png",
    "People_905-s3.png", "People_906-s3.png",
    "People_907-s3.png", "People_908-s3.png",
  };
  CCSprite *people;
  if (isS2) {
    people = CCSprite::create(array[arc4random() % 8]);
    people->setPosition(ccp(800 + 24, 24 + arc4random()
      % (480 - 48)));
  } else {
    people = CCSprite::create(array[8 + (arc4random() % 8)]);
    people->setPosition(ccp(1024 + 32, 32 + arc4random()
      % (720 - 64)));
  }
```

```
this->addChild(people, 3);
float width;
float velocity;
if (isS2) {
  width = 800.0;
  velocity = 200.0 + (arc4random() % 100 / 100.0) * 200.0
    * gameTime / 6000.0;
} else {
  width = 1280.0;
  velocity = 320 + (arc4random() % 100 / 100.0) * 320.0
    * gameTime / 6000.0;
}
float time = width / velocity;
if (isS2) {
  people->runAction(CCSequence::create(
    CCMoveTo::create(time, ccp(24 + 12,
    people->getPosition().y)), CCCallFuncN::create(this,
    callfuncN_selector(DoYourJob::terroristEnded)), NULL));
} else {
  people->runAction(CCSequence::create(
    CCMoveTo::create(time, ccp(32 + 16,
    people->getPosition().y)), CCCallFuncN::create(this,
    callfuncN_selector(DoYourJob::terroristEnded)), NULL));
}
terroristArray->addObject(people);
}


void DoYourJob::terroristEnded(CCNode* sender) {
  CCSprite *emoticon;
  if (isS2) {
    emoticon = CCSprite::create("Angry-s2.png");
    emoticon->setPosition(ccp(12 + 1.5 * 48,
      ((CCSprite*) sender)->getPosition().y));
  } else {
    emoticon = CCSprite::create("Angry-s3.png");
    emoticon->setPosition(ccp(16 + 1.5 * 64,
      ((CCSprite*) sender)->getPosition().y));
  }
  this->addChild(emoticon, 5);
  this->stopGame();
}
```

9.4.4 Kugeln der Feinde abfeuern

Ab und zu sollen die Feinde in Richtung des Officers zurückschießen. Die Methode `revenge` startet zehnmal pro Sekunde.

```
-(void)revenge:(ccTime)dt{
```

Zum Zurückschießen werden alle Feinde durchlaufen.

```
for (CCSprite *terrorist in terroristArray) {
```

Wenn der Feind zu nah am linken Bildrand beim Officer ist, darf er nicht mehr zurückschießen. Ansonsten könnte es passieren, dass ein Feind senkrecht schießt und der Spieler keine Möglichkeit mehr hat, auszuweichen. Mit der Anweisung `continue` geht es dann mit dem nächsten Feind weiter.

```
float x1 = terrorist.position.x;
if (isPhone) {
  if (x1 <= 8 + 32 / 2 + 32 || x1 >= 480 - 32 / 2) {
    continue;
  }
} else {
  if (x1 <= 16 + 64 / 2 + 64 || x1 >= 1024 - 64 / 2) {
    continue;
  }
}
```

Der Ausdruck `arc4random() % 1000` liefert eine Zufallszahl zwischen 0 und 999. Der Ausdruck `gameTime / 6000.0 * 50.0` liefert am Anfang die Zahl 0 und nach 10 Minuten die Zahl 50. Die Bedingung sorgt dafür, dass der Feind am Anfang des Spiels keinmal und nach 10 Minuten ungefähr einmal alle 2 Sekunden zurückschießt.

```
if (arc4random() % 1000 <= gameTime / 6000.0 * 50.0) {
  float y1 = terrorist.position.y;
  float x2 = player.position.x;
  float y2 = player.position.y;
  float width;
  float velocity;
  if (isPhone) {
    y1 -= 12;
    width = sqrtf(480 * 480 + 320 * 320);
    velocity = 240.0;
  } else {
    y1 -= 24;
    width = sqrtf(1024 * 1024 + 768 * 768);
    velocity = 512.0;
  }
```

Das Bild für die Kugel wird geladen.

```
CCSprite *bullet = [CCSprite
    spriteWithFile:@"Bullet_02.png"];
bullet.position = ccp(x1, y1);
```

Bei der Drehung der Kugel müssen wir nun die andere Flugrichtung beachten.

```
bullet.rotation = 180 - atanf((y2 - y1) / (x2 - x1))
    / 6.2832 * 360;
bullet.zOrder = 4;
[self addChild:bullet];
```

Die Kugel des Feindes kommt ins `terroristBulletArray` und bewegt sich über den Bildschirm.

```
[terroristBulletArray addObject:bullet];
CGPoint deltaPosition = ccp(x2 - x1, y2 - y1);
deltaPosition = ccpMult(deltaPosition,
    width / sqrtf(deltaPosition.x * deltaPosition.x
    + deltaPosition.y * deltaPosition.y));
float time = width / velocity;
[bullet runAction:[CCSequence actions:[CCMoveBy
    actionWithDuration:time position:deltaPosition],
    [CCCallFuncN actionWithTarget:self
    selector:@selector(terroristBulletEnded:)], nil]];
if ([[NSUserDefaults standardUserDefaults]
    boolForKey:@"isSoundOn"]) {
    [[SimpleAudioEngine sharedEngine]
    playEffect:@"Shot.aiff"];
    }
  }
 }
}
```

Die Methode `terroristBulletEnded` entfernt die Kugel eines Feindes vom Bildschirm, sobald sie ihre Flugweite erreicht hat.

```
-(void)terroristBulletEnded:(id)sender {
  [terroristBulletArray removeObject:sender];
  [self removeChild:sender cleanup:YES];
}
```

Die entsprechenden Anweisungen für Cocos2D-X sind:

```
void DoYourJob::revenge(CCTime dt) {
  CCObject *item;
  CCARRAY_FOREACH(terroristArray, item) {
    CCSprite *terrorist = static_cast<CCSprite*> (item);
```

```
float x1 = terrorist->getPosition().x;
if (isS2) {
  if(x1 <= 12 + 48 / 2 + 48 || x1 >= 800 - 48 / 2) {
    continue;
  }
} else {
  if (x1 <= 16 + 64 / 2 + 64 || x1 >= 1280 - 64 / 2) {
    continue;
  }
}
if (arc4random() % 1000 <= gameTime / 6000.0 * 500.0) {
  float y1 = terrorist->getPosition().y;
  float x2 = player->getPosition().x;
  float y2 = player->getPosition().y;
  float width;
  float velocity;
  if (isS2) {
    y1 -= 12;
    width = sqrt(800.0 * 800.0 + 480.0 * 480.0);
    velocity = 400.0;
  } else {
    y1 -= 24;
    width = sqrt(1280.0 * 1280.0 + 720.0 * 720.0);
    velocity = 640.0;
  }
  CCSprite *bullet;
  if (isS2) {
    bullet = CCSprite::create("Bullet_02-s2.png");
  } else {
    bullet = CCSprite::create("Bullet_02-s3.png");
  }
  bullet->setPosition(ccp(x1, y1));
  bullet->setRotation(180 - atanf((y2-y1) / (x2-x1)) /
    6.2832 * 360);
  this->addChild(bullet, 4);
  terroristBulletArray->addObject(bullet);
  CCPoint deltaPosition = ccp(x2-x1, y2-y1);
  deltaPosition = ccpMult(deltaPosition, width /
    sqrt(deltaPosition.x * deltaPosition.x +
    deltaPosition.y * deltaPosition.y));
  float time = width / velocity;
  bullet->runAction(CCSequence::create(
    CCMoveBy::create(time, deltaPosition),
    CCCallFuncN::create(this,
      callfuncN_selector(
```

```
          DoYourJob::terroristBulletEnded)
    )
  ));
  if (CCUserDefault::sharedUserDefault()
    ->getBoolForKey("isSoundOn")) {
    SimpleAudioEngine::sharedEngine()
      ->playEffect("Shot.wav");
  }
  }
  }
}

void DoYourJob::terroristBulletEnded(CCNode* sender) {
  CCSprite *sprite = (CCSprite *)sender;
  this->removeChild(sprite, true);
}
```

9.4.5 Banknoten hinzufügen

Wenn ein Feind getroffen ist, erscheint an seiner Stelle eine Banknote mit der Methode addBanknote.

```
-(void)addBanknote:(CGPoint)position {
  CCSprite *banknote;
```

Mithilfe einer Zufallszahl von 0 bis 1000 kontrollieren wir den Wert der Banknote.

```
int random = arc4random() % 1001;
```

Wenn keine Inflation ist und die Zufallszahl im Bereich von 0 bis 504 liegt, oder wenn Inflation ist und die Zufallszahl im Bereich von 993 bis 1000 liegt, dann entsteht eine Banknote mit dem Wert 5 €.

```
if ((!isInflation && 0 <= random && random <= 504)
  || (isInflation && 993 <= random && random <= 1000)) {
  banknote = [CCSprite spriteWithFile:@"Euro_005.png"];
  banknote.tag = 5;
```

Wenn keine Inflation ist, ist die Wahrscheinlichkeit für eine kleine Banknote sehr groß und für eine hohe Banknote sehr klein. Bei Inflation ist die Wahrscheinlichkeit für eine kleine Banknote sehr klein und für eine große Banknote sehr groß.

```
} else if ((!isInflation && 505 <= random && random <= 756)
  || (isInflation && 977 <= random && random <= 992)) {
  banknote = [CCSprite spriteWithFile:@"Euro_010.png"];
  banknote.tag = 10;
```

```
} else if ((!isInflation && 757 <= random && random <= 882)
|| (isInflation && 946 <= random && random <= 976)) {
 banknote = [CCSprite spriteWithFile:@"Euro_020.png"];
 banknote.tag = 20;
} else if ((!isInflation && 883 <= random && random <= 945)
|| (isInflation && 883 <= random && random <= 945)) {
 banknote = [CCSprite spriteWithFile:@"Euro_050.png"];
 banknote.tag = 50;
} else if ((!isInflation && 946 <= random && random <= 976)
|| (isInflation && 757 <= random && random <= 882)) {
 banknote = [CCSprite spriteWithFile:@"Euro_100.png"];
 banknote.tag = 100;
} else if ((!isInflation && 977 <= random && random <= 992)
|| (isInflation && 505 <= random && random <= 756)) {
 banknote = [CCSprite spriteWithFile:@"Euro_200.png"];
 banknote.tag = 200;
} else if ((!isInflation && 993 <= random && random <= 1000)
|| (isInflation && 0 <= random && random <= 504)) {
 banknote = [CCSprite spriteWithFile:@"Euro_500.png"];
 banknote.tag = 500;
}
banknote.position = position;
banknote.zOrder = 3;
[self addChild:banknote];
```

Die Banknote kommt ins Array `banknoteArray`.

```
[banknoteArray addObject:banknote];
float width;
float velocity;
```

Die Geschwindigkeit der Banknote ist zufällig und entspricht dem Bereich der Geschwindigkeiten der Freunde und Feinde.

```
if (isPhone) {
 width = 480;
 velocity = 120.0 + (arc4random() % 100 / 100.0) * 120.0
   * gameTime / 6000.0;
} else {
 width = 1024;
 velocity = 256.0 + (arc4random() % 100 / 100.0) * 256.0
   * gameTime / 6000.0;
}
```

Im Inflationsmodus ist die Geschwindigkeit der Banknoten doppelt so groß.

```
if (isInflation) {
  velocity *= 2;
}
float time = width / velocity;
```

Die Banknote bewegt sich zum linken Rand.

```
if (isPhone) {
  [banknote runAction:[CCSequence actions:
    [CCMoveTo actionWithDuration:time
      position:ccp(position.x - 480, position.y)],
    [CCCallFuncN actionWithTarget:self
    selector:@selector(banknoteEnded:)], nil]];
} else {
  [banknote runAction:[CCSequence actions:
    [CCMoveTo actionWithDuration:time
    position:ccp(position.x - 1024, position.y)],
    [CCCallFuncN actionWithTarget:self
    selector:@selector(banknoteEnded:)], nil]];
  }
}
```

Die Methode `banknoteEnded` entfernt die Banknote vom Bildschirm, sobald sie ihre Flugweite erreicht hat.

```
-(void)banknoteEnded:(id)sender {
    [banknoteArray removeObject:sender];
    [self removeChild:sender cleanup:YES];
}
```

Die entsprechenden Anweisungen für Cocos2D-X sind:

```
void DoYourJob::addBanknote(CCPoint position) {
  CCSprite *banknote;
  int random = arc4random() % 1001;
  if ((!isInflation && 0 <= random && random <= 504) ||
    (isInflation && 993 <= random && random <= 1000)) {
    if (isS2) {
      banknote = CCSprite::create("Euro_005-s2.png");
    } else {
      banknote = CCSprite::create("Euro_005-s3.png");
    }
    banknote->setTag(5);
  } else if((!isInflation && 505 <= random && random <= 756)
    || (isInflation && 977 <= random && random <= 992)) {
    if (isS2) {
```

```
    banknote = CCSprite::create("Euro_010-s2.png");
  } else {
    banknote = CCSprite::create("Euro_010-s3.png");
  }
  banknote->setTag(10);
} else if((!isInflation && 757 <= random && random <= 882)
  || (isInflation && 946 <= random && random <= 976)) {
  if (isS2) {
    banknote = CCSprite::create("Euro_020-s2.png");
  } else {
    banknote = CCSprite::create("Euro_020-s3.png");
  }
  banknote->setTag(20);
} else if((!isInflation && 883 <= random && random <= 945)
  || (isInflation && 883 <= random && random <= 945)) {
  if (isS2) {
    banknote = CCSprite::create("Euro_050-s2.png");
  } else {
    banknote = CCSprite::create("Euro_050-s3.png");
  }
  banknote->setTag(50);
} else if((!isInflation && 946 <= random && random <= 976)
  || (isInflation && 757 <= random && random <= 882)) {
  if (isS2) {
    banknote = CCSprite::create("Euro_100-s2.png");
  } else {
    banknote = CCSprite::create("Euro_100-s3.png");
  }
  banknote->setTag(100);
} else if((!isInflation && 977 <= random && random <= 992)
  || (isInflation && 505 <= random && random <= 756)) {
  if (isS2) {
    banknote = CCSprite::create("Euro_200-s2.png");
  } else {
    banknote = CCSprite::create("Euro_200-s3.png");
  }
  banknote->setTag(200);
} else if((!isInflation && 993 <= random && random <= 1000)
  || (isInflation && 0 <= random && random <= 504)) {
  if (isS2) {
    banknote = CCSprite::create("Euro_500-s2.png");
  } else {
    banknote = CCSprite::create("Euro_500-s3.png");
  }
  banknote->setTag(500);
```

```
    }
    banknote->setPosition(position);
    addChild(banknote, 5);
    banknoteArray->addObject(banknote);
    float width;
    float velocity;
    if (isS2) {
      width = 800.0;
      velocity = 200.0 + (arc4random() % 100 / 100.0 ) * 200.0
        * gameTime / 6000.0;
    } else {
      width = 1280.0;
      velocity = 320.0 + (arc4random() % 100 / 100.0 ) * 320.0
        * gameTime / 6000.0;
    }
    float time = width / velocity;
    if (isS2) {
      banknote->runAction(CCSequence::create(
        CCMoveTo::create(time,
        ccp(position.x - 800, position.y)),
        CCCallFuncN::create(this,
        callfuncN_selector(DoYourJob::banknoteEnded)),
        NULL));
    } else {
      banknote->runAction(CCSequence::create(
        CCMoveTo::create(time,
        ccp(position.x - 1280, position.y)),
        CCCallFuncN::create(this,
        callfuncN_selector(DoYourJob::banknoteEnded)),
        NULL));
    }
}
```

9.5 Den Spielablauf koordinieren

Die Methode `gameUpdate` läuft beliebig oft in einer unendlichen Schleife ab.

```
-(void)gameUpdate:(ccTime)dt {
```

Als Erstes untersuchen wir alle Kugeln der Feinde auf Treffer.

```
// terrorist bullet
for (CCSprite *terroristBullet in terroristBulletArray) {
  int x = terroristBullet.position.x;
  int y = terroristBullet.position.y;
```

```
int width;
int height;
if (isPhone) {
  width = 6;
  height = 6;
} else {
  width = 12;
  height = 12;
}
```

Um den Mittelpunkt jeder Kugel wird ein kleines Rechteck gelegt.

```
CGRect terroristBulletRect = CGRectMake(x - width / 2,
  y - height / 2, width, height);
x = player.position.x;
y = player.position.y;
if (isPhone) {
  width = 24;
  height = 24;
} else {
  width = 48;
  height = 48;
}
```

Um den Mittelpunkt des Spielers wird ein größeres Rechteck gelegt.

```
CGRect playerRect = CGRectMake(x - width / 2, y - height
  / 2, width, height);
```

Wenn sich beide Rechtecke überschneiden, ist der Spieler getroffen.

```
if (CGRectIntersectsRect(terroristBulletRect, playerRect))
  {
```

Ein Emoticon erscheint auf dem Bildschirm.

```
CCSprite *emoticon = [CCSprite
  spriteWithFile:@"Angry.png"];
if (isPhone) {
  emoticon.position = ccp(x + 32, y);
} else {
  emoticon.position = ccp(x + 64, y);
}
emoticon.zOrder = 5;
[self addChild:emoticon];
```

Das Spiel wird gestoppt.

```
[self stopGame];
```

Mit der Anweisung `break` verlassen wir den Block, sodass die weiteren Kugeln nicht mehr durchlaufen werden.

```
        break;
    }
}
```

Wenn das Spiel vorüber ist, ist die Methode zu Ende.

```
if (gameOver) {
    return;
}
```

Wenn keine Kugel der Feinde den Spieler getroffen hat, untersuchen wir als Zweites alle Kugeln der Spieler auf Treffer.

```
// player bullet
```

Die Kugeln, die ein Ereignis auslösen, müssen in einem Array gesammelt werden, um sie später zu entfernen.

```
NSMutableArray *destroyedPlayerBulletArray =
    [[NSMutableArray alloc] init];
```

Alle Kugeln des Spielers werden durchlaufen.

```
for (CCSprite *playerBullet in playerBulletArray) {
```

Die Variable `playerBulletDestroyed` kontrolliert, ob eine Kugel bereits ein Ereignis ausgelöst hat.

```
    bool playerBulletDestroyed = false;
    int x = playerBullet.position.x;
    int y = playerBullet.position.y;
    int width;
    int height;
    if (isPhone) {
        width = 6;
        height = 6;
    } else {
        width = 12;
        height = 12;
    }
```

Um den Mittelpunkt jeder Kugel wird ein kleines Rechteck gelegt.

```
CGRect playerBulletRect = CGRectMake(x - width / 2,
    y - height / 2, width, height);
```

Als Erstes prüfen wir, ob ein Freund getroffen wurde.

```
// check friends
```

Getroffene Freunde kommen in ein Array.

```
NSMutableArray *killedFriendArray = [[NSMutableArray
  alloc] init];
```

Nun werden alle Freunde durchlaufen.

```
for (CCSprite *friend in friendArray) {
  x = friend.position.x;
  y = friend.position.y;
  if (isPhone) {
    width = 24;
    height = 24;
  } else {
    width = 48;
    height = 48;
  }
```

Um den Mittelpunkt eines Freundes wird ein größeres Rechteck gelegt.

```
CGRect friendRect = CGRectMake(x - width / 2,
  y - height / 2, width, height);
```

Wenn sich beide Rechtecke überschneiden, ist der Freund getroffen.

```
if (CGRectIntersectsRect(playerBulletRect, friendRect))
{
```

Wenn der Sound an ist, gibt es einen Warnton.

```
if ([[NSUserDefaults standardUserDefaults]
    boolForKey:@"isSoundOn"]) {
    [[SimpleAudioEngine sharedEngine]
      playEffect:@"Horn.aiff"];
}
```

Wenn der Zählerstand der getroffenen Feinde für die Inflation mindestens 10 beträgt, ist der Inflationsmodus an und muss beendet werden. Die Inflationszeit wird gespeichert, wenn sie größer als die letzte gespeicherte Inflationszeit ist.

```
if (inflationCounter >= 10) {
  if ([[NSUserDefaults standardUserDefaults]
    integerForKey:@"inflationTime"] < inflationTime) {
    [[NSUserDefaults standardUserDefaults]
      setInteger:inflationTime
```

```
        forKey:@"inflationTime"];
    }
    isInflation = false;
```

Die Aufschrift »Inflation« beim Etikett `inflationTimeLabel` verschwindet.

```
    [inflationLabel setString:@" "];
    inflationTime = 0;
    [self unschedule:@selector(inflationTimeUpdate:)];
```

Die Inflationszeit bleibt noch 4 Sekunden lang sichtbar.

```
    [inflationTimeLabel runAction:[CCSequence
        actions:[CCDelayTime actionWithDuration:4],
        [CCCallFuncN actionWithTarget:self
        selector:@selector(inflationTimeEnded:)], nil]];
    }
```

Wenn der Zähler der getroffenen Feinde für die Inflation mindestens 1 beträgt, wird er auf 0 zurückgesetzt.

```
    if (inflationCounter >= 1) {
        inflationCounter = 0;
    }
```

Der Zähler für die getroffenen Freunde wird erhöht.

```
    friendCounter++;
```

Sobald der Zählerstand eine bestimmte Marke erreicht, wird ein Achievement ausgelöst.

```
    if (friendCounter == 10) {
        [self reportAchievement:5];
    } else if (friendCounter == 25) {
        [self reportAchievement:6];
    } else if (friendCounter == 50) {
        [self reportAchievement:7];
    } else if (friendCounter == 100) {
        [self reportAchievement:8];
    }
```

Die Kugel des Spielers wird als zerstört markiert.

```
    playerBulletDestroyed = true;
```

Der Kontostand des Spielers wird um 10 Prozent reduziert.

```
    money -= (money * 10) / 100;
```

Der neue Kontostand erscheint auf dem Bildschirm.

```
[moneyLabel setString:[[NSString
    stringWithFormat:@"%d", money]
    stringByAppendingString:@" €"]];
```

Ein Emoticon erscheint neben dem Freund auf dem Bildschirm.

```
CCSprite *emoticon = [CCSprite
    spriteWithFile:@"Angry.png"];
emoticon.position = friend.position;
emoticon.zOrder = 5;
[self addChild:emoticon];
```

Das Emoticon kommt in ein Array, damit es beim eingefrorenen Bildschirm am Spielende nicht plötzlich verschwindet.

```
[emoticonArray addObject:emoticon];
```

Nach 2 Sekunden verschwindet das Emoticon vom Bildschirm.

```
[emoticon runAction:[CCSequence
    actions:[CCDelayTime actionWithDuration:2],
    [CCCallFuncN actionWithTarget:self
    selector:@selector(emoticonEnded:)], nil]];
```

Der getroffene Freund kommt in ein Array.

```
[killedFriendArray addObject:friend];
```

Weil die Kugel bereits einen Freund getroffen hat, müssen die anderen Freunde nicht mehr durchlaufen werden.

```
            break;
        }
    }
}
```

Der getroffene Freund wird aus dem Array der Freunde und vom Bildschirm entfernt.

```
for (CCSprite *friend in killedFriendArray) {
    [friendArray removeObject:friend];
    [self removeChild:friend cleanup:YES];
}
```

Wenn ein Freund getroffen wurde, kommt die Kugel ins Array mit den zerstörten Kugeln.

```
if (killedFriendArray.count > 0) {
    [destroyedPlayerBulletArray addObject:playerBullet];
}
```

Das Array mit den getroffenen Freunden wird dealloziert.

```
[killedFriendArray release];
```

Als Zweites prüfen wir, ob ein Feind getroffen wurde.

```
// check terrorists
```

Wenn die Kugel des Spielers noch nicht zerstört ist, durchlaufen wir alle Feinde im Array.

```
if (!playerBulletDestroyed) {
    NSMutableArray *killedTerroristArray = [[NSMutableArray
        alloc] init];
    for (CCSprite *terrorist in terroristArray) {
        x = terrorist.position.x;
        y = terrorist.position.y;
        if (isPhone) {
            width = 24;
            height = 24;
        } else {
            width = 48;
            height = 48;
        }
```

Um den Feind legen wir ein Rechteck.

```
        CGRect terroristRect = CGRectMake(x - width / 2,
            y - height / 2, width, height);
```

Wenn sich das Rechteck der Kugel des Spielers und das Rechteck des Feindes überschneiden, ist der Feind getroffen.

```
        if (CGRectIntersectsRect(playerBulletRect,
            terroristRect)) {
```

Der Zähler der getroffenen Feinde für den Inflationsmodus wird erhöht.

```
            inflationCounter++;
```

Wenn der Zähler den Stand 10 erreicht hat, startet der Inflationsmodus.

```
            if (inflationCounter == 10) {
                isInflation = true;
                [inflationLabel setString:@"INFLATION"];
                inflationTime = 0;
```

Der Strang zum Erneuern des Etiketts mit der abgelaufenen Inflationszeit startet.

```
                [self schedule:@selector(inflationTimeUpdate:)
                    interval:0.1];
```

Wenn der Sound an ist, gibt es Applaus.

```
if ([[NSUserDefaults standardUserDefaults]
    boolForKey:@"isSoundOn"]) {
    [[SimpleAudioEngine sharedEngine]
        playEffect:@"Applause.aiff"];
    }
}
```

Der Zähler mit den getroffenen Feinden erhöht sich.

```
terroristCounter++;
```

Wenn eine bestimmte Anzahl an Feinden getroffen ist, gibt es ein Achievement.

```
if (terroristCounter == 25) {
    [self reportAchievement:9];
} else if (terroristCounter == 50) {
    [self reportAchievement:10];
} else if (terroristCounter == 75) {
    [self reportAchievement:11];
} else if (terroristCounter == 100) {
    [self reportAchievement:12];
} else if (terroristCounter == 125) {
    [self reportAchievement:13];
} else if (terroristCounter == 150) {
    [self reportAchievement:14];
} else if (terroristCounter == 175) {
    [self reportAchievement:15];
} else if (terroristCounter == 200) {
    [self reportAchievement:16];
}
```

An der Stelle des Feindes erscheint eine Banknote mit einem niedrigen Wert im normalen Spielmodus oder einem erhöhten Wert im Inflationsmodus.

```
[self addBanknote:terrorist.position];
```

Der Feind kommt in ein Array.

```
[killedTerroristArray addObject:terrorist];
```

Weil die Kugel bereits einen Freund getroffen hat, müssen die anderen Freunde nicht mehr durchlaufen werden.

```
break;
    }
}
```

Alle getroffenen Feinde werden aus dem Array mit den Feinden und vom Bildschirm entfernt.

```
for (CCSprite *terrorist in killedTerroristArray) {
    [terroristArray removeObject:terrorist];
    [self removeChild:terrorist cleanup:YES];
}
```

Wenn ein Feind getroffen wurde, kommt die Kugel ins Array mit den zerstörten Kugeln.

```
if (killedTerroristArray.count > 0) {
    [destroyedPlayerBulletArray addObject:playerBullet];
}
```

Das Array mit den getroffenen Feinden wird dealloziert.

```
    [killedTerroristArray release];
  }
}
```

Die Kugeln des Spielers, die einen Freund oder Feind getroffen haben, verschwinden vom Bildschirm.

```
for (CCSprite *bullet in destroyedPlayerBulletArray) {
    [playerBulletArray removeObject:bullet];
    [self removeChild:bullet cleanup:YES];
}
```

Das Array mit den zerstörten Kugeln des Spielers wird dealloziert.

```
[destroyedPlayerBulletArray release];
```

Als Zweites untersuchen wir, ob eine Banknote vom Spieler eingesammelt wurde.

```
// check banknotes
```

Ein Array mit den eingesammelten Banknoten wird alloziert.

```
NSMutableArray *collectedBanknoteArray =
    [[NSMutableArray alloc] init];
```

Alle Banknoten im `banknoteArray` werden durchlaufen.

```
for (CCSprite *banknote in banknoteArray) {
    int x = banknote.position.x;
    int y = banknote.position.y;
    int width;
    int height;
    if (isPhone) {
        width = 16;
        height = 16;
```

```
} else {
  width = 32;
  height = 32;
}
```

Wir legen um die Banknote ein Rechteck.

```
CGRect banknoteRect = CGRectMake(x - width / 2, y - height
  / 2, width, height);
x = player.position.x;
y = player.position.y;
if (isPhone) {
  width = 32;
  height = 32;
} else {
  width = 64;
  height = 64;
}
```

Auch um den Spieler wird ein Rechteck gelegt.

```
CGRect playerRect = CGRectMake(x - width / 2, y - height
  / 2, width, height);
```

Wenn sich die beiden Rechtecke überschneiden, wird die Banknote eingesammelt.

```
if (CGRectIntersectsRect(banknoteRect, playerRect)) {
```

Mithilfe der Eigenschaft `tag` untersuchen wir, welchen Betrag die Banknote hat.

```
if (banknote.tag == 5) {
```

Abhängig von der Banknote, werden der Zähler für die Banknoten innerhalb einer Serie und der Zähler für die gesamten Serien eingestellt.

```
if (straightCounter != 0) {
  straightSeriesCounter = 0;
}
straightCounter = 1;
```

Der Kontostand erhöht sich um den Wert der Banknote.

```
money += 5;
```

Der Zähler für das insgesamt gesammelte Geld erhöht sich ebenfalls.

```
moneyCounter += 5;
} else if (banknote.tag == 10) {
  if (straightCounter == 1) {
    straightCounter = 2;
```

Wenn die Serie durch einen falschen Schein abgebrochen wird, erhalten die Zähler wieder ihre Anfangswerte.

```
  } else {
    straightCounter = 0;
    straightSeriesCounter = 0;
  }
  money += 10;
  moneyCounter += 10;
} else if (banknote.tag == 20) {
  if (straightCounter == 2) {
    straightCounter = 3;
  } else {
    straightCounter = 0;
    straightSeriesCounter = 0;
  }
  money += 20;
  moneyCounter += 20;
} else if (banknote.tag == 50) {
  if (straightCounter == 3) {
    straightCounter = 4;
  } else {
    straightCounter = 0;
    straightSeriesCounter = 0;
  }
  money += 50;
  moneyCounter += 50;
} else if (banknote.tag == 100) {
  if (straightCounter == 4) {
    straightCounter = 5;
  } else {
    straightCounter = 0;
    straightSeriesCounter = 0;
  }
  money += 100;
  moneyCounter += 100;
} else if (banknote.tag == 200) {
  if (straightCounter == 5) {
    straightCounter = 6;
  } else {
    straightCounter = 0;
    straightSeriesCounter = 0;
  }
  money += 200;
  moneyCounter += 200;
```

```
    } else if (banknote.tag == 500) {
      if (straightCounter == 6) {
        straightCounter = 0;
```

Wenn eine Banknotenserie vollendet ist, erhöht sich der Zähler für die kompletten Serien.

```
        straightSeriesCounter++;
```

Abhängig von der Anzahl der gesammelten Serien, wird ein Achievement ausgelöst.

```
      if (straightSeriesCounter == 1) {
        [self reportAchievement:17];
      } else if (straightSeriesCounter == 2) {
        [self reportAchievement:18];
      } else if (straightSeriesCounter == 3) {
        [self reportAchievement:19];
      }
    } else {
      straightCounter = 0;
      straightSeriesCounter = 0;
    }
    money += 500;
    moneyCounter += 500;
  }
```

Abhängig vom insgesamt gesammelten Geld, erhält der Spieler ein Achievement.

```
  if (moneyCounterState == 0 && moneyCounter >= 5000) {
    moneyCounterState = 1;
    [self reportAchievement:20];
  } else if (moneyCounterState == 1 && moneyCounter
    >= 10000) {
    moneyCounterState = 2;
    [self reportAchievement:21];
  } else if (moneyCounterState == 2 && moneyCounter
    >= 15000) {
    moneyCounterState = 3;
    [self reportAchievement:22];
  } else if (moneyCounterState == 3 && moneyCounter
    >= 20000) {
    moneyCounterState = 4;
    [self reportAchievement:23];
  } else if (moneyCounterState == 4 && moneyCounter
    >= 25000) {
    moneyCounterState = 5;
    [self reportAchievement:24];
  } else if (moneyCounterState == 5 && moneyCounter
```

```
  >= 50000) {
  moneyCounterState = 6;
  [self reportAchievement:25];
}
```

Die Aufschrift auf dem Etikett mit dem Kontostand wird erneuert.

```
[moneyLabel setString:[[NSString stringWithFormat:@"%d",
  money] stringByAppendingString:@" €"]];
```

Wenn der Sound an ist, ertönt das Geräusch rappelnden Geldes.

```
if ([[NSUserDefaults standardUserDefaults]
  boolForKey:@"isSoundOn"]) {
  [[SimpleAudioEngine sharedEngine]
    playEffect:@"Money.aiff"];
}
```

Die Banknote kommt ins Array `collectedBanknoteArray`.

```
[collectedBanknoteArray addObject:banknote];
    }
  }
```

Wenn sich gesammelte Banknoten im Array befinden, werden diese Banknoten aus dem Array `banknoteArray` und vom Bildschirm entfernt.

```
if (collectedBanknoteArray.count > 0) {
  for (CCSprite *banknote in collectedBanknoteArray) {
    [banknoteArray removeObject:banknote];
    [self removeChild:banknote cleanup:YES];
  }
```

Das Array mit den gesammelten Banknoten wird dealloziert.

```
[collectedBanknoteArray release];
  }
}
```

Die Methode `emoticonEnded` entfernt ein Emoticon aus dem Array und vom Bildschirm.

```
-(void)emoticonEnded:(id)sender {
  [emoticonArray removeObject:sender];
  [self removeChild:sender cleanup:YES];
}
```

Die Methode `inflationTimeUpdate` zeigt die abgelaufene Inflationszeit auf dem Etikett an.

```
-(void)inflationTimeUpdate:(ccTime)dt {
  inflationTime += 1;
  if (inflationTime <= 9) {
    [inflationTimeLabel setString:
      [@"0." stringByAppendingString:
      [NSString stringWithFormat:@"%d", inflationTime]]];
  } else {
    [inflationTimeLabel setString:
      [[NSString stringWithFormat:@"%d", inflationTime / 10]
      stringByAppendingString:[@"." stringByAppendingString:
      [NSString stringWithFormat:@"%d",
      inflationTime % 10]]]];
  }
}
```

Die Methode `inflationTimeEnded` löscht die Aufschrift Inflation auf dem Etikett.

```
-(void)inflationTimeEnded:(id)sender {
  [inflationTimeLabel setString:@" "];
}
```

Die entsprechenden Anweisungen für Cocos2D-X sind:

```
void DoYourJob::gameUpdate(CCTime dt) {
  CCObject *item;
  CCARRAY_FOREACH(terroristBulletArray, item) {
    CCSprite *terroristBullet =
      static_cast<CCSprite*> (item);
    int x = terroristBullet->getPosition().x;
    int y = terroristBullet->getPosition().y;
    int width;
    int height;
    if (isS2) {
      width = 10;
      height = 10;
    } else {
      height = 12;
      width = 12;
    }
    CCRect terroristBulletRect(x - width / 2, y - height / 2,
      width, height);
    x = player->getPosition().x;
    y = player->getPosition().y;
    if (isS2) {
```

```
      width = 36;
      height = 36;
    } else {
      width = 48;
      height = 48;
    }
    CCRect playerRect(width / 2, y - height / 2, width,
      height);
    if (CCRect::CCRectIntersectsRect(terroristBulletRect,
      playerRect)) {
      CCSprite *emoticon;
      if (isS2) {
        emoticon = CCSprite::create("Angry-s2.png");
        emoticon->setPosition(ccp(x + 48, y));
      } else {
        emoticon = CCSprite::create("Angry-s3.png");
        emoticon->setPosition(ccp(x + 64, y));
      }
      addChild(emoticon, 5);
      stopGame();
      break;
    }
  }
}
if(gameOver) {
  return;
}
// player bullet
bool playerBulletDestroyed = false;
CCArray *destroyedPlayerBulletArray = new CCArray();
CCObject *object;
CCARRAY_FOREACH(playerBulletArray, object) {
  CCSprite *playerBullet = static_cast<CCSprite*>(object);
  int x = playerBullet->getPosition().x;
  int y = playerBullet->getPosition().y;
  int width;
  int height;
  if (isS2) {
    height = 10;
    width = 10;
  } else {
    height = 12;
    width = 12;
  }
  CCRect playerBulletRect(x - width / 2, y - height / 2,
    width, height);
```

```
// check friends
CCArray *killedFriendArray = new CCArray();
CCObject *friends;
CCARRAY_FOREACH(friendArray, friends) {
  CCSprite *f = static_cast<CCSprite*> (friends);
  x = f->getPosition().x;
  y = f->getPosition().y;
  if (isS2) {
    width = 36;
    height = 36;
  } else {
    width = 48;
    height = 48;
  }
  CCRect friendRect(x - width / 2, y - height / 2, width,
    height);
  if (CCRect::CCRectIntersectsRect(playerBulletRect,
    friendRect)) {
    if (CCUserDefault::sharedUserDefault()
      ->getBoolForKey("isSoundOn")) {
      SimpleAudioEngine::sharedEngine()
        ->playEffect("Horn.wav");
    }
    if (inflationCounter >= 10) {
      if (CCUserDefault::sharedUserDefault()
        ->getIntegerForKey("inflationTime")
        < inflationTime) {
        CCUserDefault::sharedUserDefault()
          ->setIntegerForKey("inflationTime",
          inflationTime);
      }
      isInflation = false;
      inflationLabel->setString(" ");
      inflationTime = 0;
      this->unschedule(schedule_selector(
        DoYourJob::inflationTimeUpdate));
      inflationTimeLabel->runAction(CCSequence::create(
        CCDelayTime::create(4),
        CCCallFuncN::create(this,
        callfuncN_selector(
        DoYourJob::inflationTimeEnded)),
        NULL));
    }
    if (inflationCounter >= 1) {
      inflationCounter = 0;
```

```
        }
        friendCounter++;
        if (friendCounter == 10) {
          reportAchievement(5);
        } else if(friendCounter == 25) {
          reportAchievement(6);
        } else if(friendCounter == 50) {
          reportAchievement(7);
        } else if(friendCounter == 100) {
          reportAchievement(8);
        }
        playerBulletDestroyed = true;
        money -= (money * 10) /100;
        std::string moneyString(floatToStr(money));
        moneyString.append(" €");
        moneyLabel->setString(moneyString.c_str());
        CCSprite *emoticon;
        if (isS2) {
          emoticon = CCSprite::create("Angry-s2.png");
        } else {
          emoticon = CCSprite::create("Angry-s3.png");
        }
        emoticon->setPosition(f->getPosition());
        addChild(emoticon, 5);
        emoticonArray->addObject(emoticon);
        emoticon->runAction(CCSequence::create(
          CCDelayTime::create(2),
          CCCallFuncN(this, callfuncN_selector(
          DoYourJob::emoticonEnded)), NULL));
        killedFriendArray->addObject(f);
        break;
    }
  }
  CCObject *it;
  CCARRAY_FOREACH(killedFriendArray, it) {
    CCSprite *itFriend = static_cast<CCSprite*>(it);
    friendArray->removeObject(itFriend);
    removeChild(itFriend, true);
  }
  if (killedFriendArray->count() > 0) {
    destroyedPlayerBulletArray->addObject(playerBullet);
  }
  killedFriendArray->release();
  // check terrorist
  if(!playerBulletDestroyed) {
```

```
CCArray *killedTerroristArray = new CCArray();
CCObject *it_2;
CCARRAY_FOREACH(terroristArray, it_2) {
  CCSprite *terrorist = static_cast<CCSprite*>(it_2);
  x = terrorist->getPosition().x;
  y = terrorist->getPosition().y;
  if (isS2) {
    width = 36;
    height = 36;
  } else {
    width = 48;
    height = 48;
  }
  CCRect terroristRect(x - width / 2, y - height / 2,
    width, height);
  if (CCRect::CCRectIntersectsRect(playerBulletRect,
    terroristRect)) {
    inflationCounter++;
    if (inflationCounter == 10) {
      isInflation = true;
      inflationLabel->setString("INFLATION");
      inflationTime = 0;
      this->schedule(schedule_selector(
        DoYourJob::inflationTimeUpdate), 0.1);
      if (CCUserDefault::sharedUserDefault()
        ->getBoolForKey("IsSoundOn")) {
        SimpleAudioEngine::sharedEngine()
          ->playEffect("Applause.wav");
      }
    }
    terroristCounter++;
    if (terroristCounter == 25) {
      reportAchievement(9);
    } else if(terroristCounter == 50) {
      reportAchievement(10);
    } else if(terroristCounter == 75) {
      reportAchievement(11);
    } else if(terroristCounter == 100) {
      reportAchievement(12);
    } else if(terroristCounter == 125) {
      reportAchievement(13);
    } else if(terroristCounter == 150) {
      reportAchievement(14);
    } else if(terroristCounter == 175) {
      reportAchievement(15);
```

```
        } else if(terroristCounter == 200) {
          reportAchievement(16);
        }
        addBanknote(terrorist->getPosition());
        killedTerroristArray->addObject(terrorist);
        break;
      }
    }
    CCObject *it;
    CCARRAY_FOREACH(killedTerroristArray, it) {
      CCSprite *terrorist = static_cast<CCSprite*>(it);
      terroristArray->removeObject(terrorist);
      removeChild(terrorist, true);
    }
    if (killedTerroristArray->count() > 0) {
      destroyedPlayerBulletArray->addObject(playerBullet);
    }
    killedTerroristArray->release();
  }
}
CCObject *it_2;
CCARRAY_FOREACH(destroyedPlayerBulletArray, it_2) {
  CCSprite *bullet = static_cast<CCSprite*>(it_2);
  playerBulletArray->removeObject(bullet);
  removeChild(bullet, true);
}
destroyedPlayerBulletArray->release();
// check banknotes
CCArray *collectedBanknoteArray = new CCArray();
CCObject *it_3;
CCARRAY_FOREACH(banknoteArray, it_3) {
  CCSprite *banknote = static_cast<CCSprite*>(it_3);
  int x = banknote->getPosition().x;
  int y = banknote->getPosition().y;
  int width;
  int height;
  if (isS2) {
    width = 24;
    height = 24;
  } else {
    height = 32;
    width = 32;
  }
  CCRect banknoteRect(x - width / 2, y - height / 2, width,
    height);
```

```
x = player->getPosition().x;
y = player->getPosition().y;
if (isS2) {
  width = 48;
  height = 48;
} else {
  width = 64;
  height = 64;
}
CCRect playerRect(x - width / 2, y - height / 2, width,
  height);
if (CCRect::CCRectIntersectsRect(banknoteRect,
  playerRect)) {
  if (banknote->getTag() == 5) {
    if (straightCounter != 0) {
      straightSeriesCounter = 0;
    }
    straightCounter = 1;
    money += 5;
    moneyCounter +=5;
  } else if (banknote->getTag() == 10) {
    if (straightCounter == 1) {
      straightCounter = 2;
    } else {
      straightCounter = 0;
      straightSeriesCounter = 0;
    }
    money += 10;
    moneyCounter +=10;
  } else if (banknote->getTag() == 20) {
    if (straightCounter == 2) {
      straightCounter = 3;
    } else {
      straightCounter = 0;
      straightSeriesCounter = 0;
    }
    money += 20;
    moneyCounter +=20;
  } else if (banknote->getTag() == 50) {
    if (straightCounter == 3) {
      straightCounter = 4;
    } else {
      straightCounter = 0;
      straightSeriesCounter = 0;
    }
```

```
      money += 50;
      moneyCounter +=50;
    } else if (banknote->getTag() == 100) {
      if (straightCounter == 4) {
        straightCounter = 5;
      } else {
        straightCounter = 0;
        straightSeriesCounter = 0;
      }
      money += 100;
      moneyCounter +=100;
    } else if (banknote->getTag() == 200) {
      if (straightCounter == 5) {
        straightCounter = 6;
      } else {
        straightCounter = 0;
        straightSeriesCounter = 0;
      }
      money += 200;
      moneyCounter += 200;
    } else if (banknote->getTag() == 500) {
      if (straightCounter == 6) {
        straightCounter = 0;
        straightSeriesCounter++;
        if (straightSeriesCounter == 1) {
          reportAchievement(17);
        } else if (straightSeriesCounter == 2) {
          reportAchievement(18);
        } else if (straightSeriesCounter == 3) {
          reportAchievement(19);
        }
      } else {
        straightCounter = 0;
        straightSeriesCounter = 0;
      }
      money+= 500;
      moneyCounter += 500;
    }
    if (moneyCounterState == 0 && moneyCounter >= 5000) {
      moneyCounterState = 1;
      reportAchievement(20);
    } else if (moneyCounterState == 1
      && moneyCounter >= 1000) {
      moneyCounterState = 2;
      reportAchievement(21);
```

```
      } else if(moneyCounterState == 2
        && moneyCounter >= 1000) {
        moneyCounterState = 3;
        reportAchievement(22);
      } else if (moneyCounterState == 3
        && moneyCounter >= 1000) {
        moneyCounterState = 4;
        reportAchievement(23);
      } else if(moneyCounterState == 4
        && moneyCounter >= 1000) {
        moneyCounterState = 5;
        reportAchievement(24);
      } else if(moneyCounterState == 5
        && moneyCounter >= 1000) {
        moneyCounterState = 6;
        reportAchievement(25);
      }
      std::string moneyString(floatToStr(money));
      moneyString.append(" €");
      moneyLabel->setString(moneyString.c_str());
      if (CCUserDefault::sharedUserDefault()
        ->getBoolForKey("isSoundOn")) {
        SimpleAudioEngine::sharedEngine()
          ->playEffect("Money.wav");
      }
      collectedBanknoteArray->addObject(banknote);
    }
  }
  if (collectedBanknoteArray->count() > 0) {
    CCObject *it_4;
    CCARRAY_FOREACH(collectedBanknoteArray, it_4) {
      CCSprite *bn = static_cast<CCSprite*>(it_4);
      banknoteArray->removeObject(bn);
      removeChild(bn, true);
    }
  }
  collectedBanknoteArray->release();
}

void DoYourJob::emoticonEnded(CCNode* sender) {
  CCSprite *sprite = (CCSprite *) sender;
  emoticonArray->removeObject(sprite);
  this->removeChild(sprite, true);
}
```

```
void DoYourJob::inflationTimeUpdate(CCTime dt) {
  inflationTime += 1;
  if(inflationTime <= 9) {
    std::string inflationString("0.");
    inflationString += floatToStr(inflationTime);
    inflationTimeLabel->setString(inflationString.c_str());
  } else {
    std::string inflationString = floatToStr(inflationTime /
      10.0);
    inflationString += ".";
    inflationString += floatToStr(inflationTime % 10);
    inflationTimeLabel->setString(inflationString.c_str())
  }
}

void DoYourJob::inflationTimeEnded(CCNode* sender) {
  inflationTimeLabel->setString(" ");
}
```

9.6   Ein Achievement melden

Die Methode `reportAchievement` zeigt das erreichte Achievement auf dem Bildschirm an.

```
-(void)reportAchievement:(int)number {
  // 1: 100 shots - Mega Shoots Medal
  // 2: 250 shots - Giga Shoots Medal
  // 3: 500 shots - Tera Shoots Medal
  // 4: 1000 shots - Crazy Shooter
  // 5: 10 killed friends - Small Civilian Service
  // 6: 25 killed friends - Large Civilian Service
  // 7: 50 killed friends - Huge Civilian Service
  // 8: 100 killed friends - Friend Killer
  // 9: 25 killed enemies - Fire Campaign
  // 10: 50 killed enemies - Ice Campaign
  // 11: 75 killed enemies - Blood Campaign
  // 12: 100 killed enemies - Pain Campaign
  // 13: 125 killed enemies - Hate Campaign
  // 14: 150 killed enemies - War Campaign
  // 15: 175 killed enemies - Death Campaign
  // 16: 200 killed enemies - Euro Defense Commander
  // 17: 1 collected euro series - Bronze Euro Star
  // 18: 2 collected euro series - Silver Euro Star
  // 19: 3 collected euro series - Gold Euro Star
```

```
// 20: 5000 collected euros - Yellow Ribbon
// 21: 10000 collected euros - Orange Ribbon
// 22: 15000 collected euros - Green Ribbon
// 23: 20000 collected euros - Blue Ribbon
// 24: 25000 collected euros - Brown Ribbon
// 25: 50000 collected euros - Black Ribbon
```

Wenn der Sound an ist, ertönt ein Gong.

```
if ([[NSUserDefaults standardUserDefaults]
  boolForKey:@"isSoundOn"]) {
  [[SimpleAudioEngine sharedEngine]
    playEffect:@"Gong.aiff"];
}
```

Auf einem Etikett erscheint der Text des Achievements.

```
CCLabelBMFont *label;
if (number == 1) {
  label = [CCLabelBMFont labelWithString:
    @"MEGA SHOOTS MEDAL" fntFile:@"Typewriter_02.fnt"];
} else if (number == 2) {
  label = [CCLabelBMFont labelWithString:
    @"GIGA SHOOTS MEDAL" fntFile:@"Typewriter_02.fnt"];
} else if (number == 3) {
  label = [CCLabelBMFont labelWithString:
    @"TERA SHOOTS MEDAL" fntFile:@"Typewriter_02.fnt"];
} else if (number == 4) {
  label = [CCLabelBMFont labelWithString:
    @"CRAZY SHOOTER" fntFile:@"Typewriter_02.fnt"];
} else if (number == 5) {
  label = [CCLabelBMFont labelWithString:
    @"SMALL CIVILIAN SERVICE" fntFile:@"Typewriter_02.fnt"];
} else if (number == 6) {
  label = [CCLabelBMFont labelWithString:
    @"LARGE CIVILIAN SERVICE" fntFile:@"Typewriter_02.fnt"];
} else if (number == 7) {
  label = [CCLabelBMFont labelWithString:
    @"HUGE CIVILIAN SERVICE" fntFile:@"Typewriter_02.fnt"];
} else if (number == 8) {
  label = [CCLabelBMFont labelWithString:
    @"FRIEND KILLER" fntFile:@"Typewriter_02.fnt"];
} else if (number == 9) {
  label = [CCLabelBMFont labelWithString:
    @"FIRE CAMPAIGN" fntFile:@"Typewriter_02.fnt"];
} else if (number == 10) {
  label = [CCLabelBMFont labelWithString:
```

```
     @"ICE CAMPAIGN" fntFile:@"Typewriter_02.fnt"];
} else if (number == 11) {
  label = [CCLabelBMFont labelWithString:
    @"BLOOD CAMPAIGN" fntFile:@"Typewriter_02.fnt"];
} else if (number == 12) {
  label = [CCLabelBMFont labelWithString:
    @"PAIN CAMPAIGN" fntFile:@"Typewriter_02.fnt"];
} else if (number == 13) {
  label = [CCLabelBMFont labelWithString:
    @"HATE CAMPAIGN" fntFile:@"Typewriter_02.fnt"];
} else if (number == 14) {
  label = [CCLabelBMFont labelWithString:
    @"WAR CAMPAIGN" fntFile:@"Typewriter_02.fnt"];
} else if (number == 15) {
  label = [CCLabelBMFont labelWithString:
    @"DEATH CAMPAIGN" fntFile:@"Typewriter_02.fnt"];
} else if (number == 16) {
  label = [CCLabelBMFont labelWithString:
    @"EURO DEFENSE COMMANDER" fntFile:@"Typewriter_02.fnt"];
} else if (number == 17) {
  label = [CCLabelBMFont labelWithString:
    @"BRONZE EURO STAR" fntFile:@"Typewriter_02.fnt"];
} else if (number == 18) {
  label = [CCLabelBMFont labelWithString:
    @"SILVER EURO STAR" fntFile:@"Typewriter_02.fnt"];
} else if (number == 19) {
  label = [CCLabelBMFont labelWithString:
    @"GOLD EURO STAR" fntFile:@"Typewriter_02.fnt"];
} else if (number == 20) {
  label = [CCLabelBMFont labelWithString:
    @"YELLOW RIBBON" fntFile:@"Typewriter_02.fnt"];
} else if (number == 21) {
  label = [CCLabelBMFont labelWithString:
    @"ORANGE RIBBON" fntFile:@"Typewriter_02.fnt"];
} else if (number == 22) {
  label = [CCLabelBMFont labelWithString:
    @"GREEN RIBBON" fntFile:@"Typewriter_02.fnt"];
} else if (number == 23) {
  label = [CCLabelBMFont labelWithString:
    @"BLUE RIBBON" fntFile:@"Typewriter_02.fnt"];
} else if (number == 24) {
  label = [CCLabelBMFont labelWithString:
    @"BROWN RIBBON" fntFile:@"Typewriter_02.fnt"];
```

```
} else if (number == 25) {
  label = [CCLabelBMFont labelWithString:
    @"BLACK RIBBON" fntFile:@"Typewriter_02.fnt"];
}
if (isPhone) {
  label.position = ccp(480 / 2, 320 / 2);
} else {
  label.position = ccp(1024 / 2, 768 / 2);
}
label.zOrder = 6;
[self addChild:label];
```

Nach 3 Sekunden verschwindet das Etikett.

```
[label runAction:[CCSequence actions:
  [CCDelayTime actionWithDuration:3],
  [CCCallFuncN actionWithTarget:
  self selector:@selector(achievementEnded:)], nil]];
```

Ein Teilchensystem aus wegfliegenden Sternen wird erzeugt und auf dem Bildschirm angezeigt.

```
CCParticleSystem *starSystem = [CCParticleSystemQuad
  particleWithFile:@"Star_02.plist"];
starSystem.zOrder = 5;
[self addChild:starSystem];
```

Nach einer halben Sekunde wird das Teilchensystem gestoppt, sodass keine Sterne mehr entstehen.

```
[starSystem runAction:[CCSequence actions:
  [CCDelayTime actionWithDuration:0.5],
  [CCCallFuncN actionWithTarget:self
  selector:@selector(starSystemStopped:)], nil]];
}
```

Die Methode `achievementEnded` entfernt das Etikett vom Bildschirm.

```
-(void)achievementEnded:(id)sender {
  [self removeChild:sender cleanup:YES];
}
```

Die Methode `starSystemStopped` hält das Teilchensystem an und entfernt es nach 5 Sekunden vom Bildschirm.

```
-(void)starSystemStopped:(id)sender {
  [(CCParticleSystem *)sender stopSystem];
  [(CCParticleSystem *)sender runAction:
    [CCSequence actions: [CCDelayTime actionWithDuration:5],
```

```
    [CCCallFuncN actionWithTarget:self
    selector:@selector(starSystemEnded:)], nil]];
}
```

Die Methode `starSystemEnded` entfernt das Teilchensystem vom Bildschirm.

```
-(void)starSystemEnded:(id)sender {
  [self removeChild:sender cleanup:YES];
}
```

Die entsprechenden Anweisungen für Cocos2D-X sind:

```
void DoYourJob::reportAchievement(int number) {
  // 1: 100 shots - Mega Shoots Medal
  // 2: 250 shots - Giga Shoots Medal
  // 3: 500 shots - Tera Shoots Medal
  // 4: 1000 shots - Crazy Shooter
  // 5: 10 killed friends - Small Civilian Service
  // 6: 25 killed friends - Large Civilian Service
  // 7: 50 killed friends - Huge Civilian Service
  // 8: 100 killed friends - Friend Killer
  // 9: 25 killed enemies - Fire Campaign
  // 10: 50 killed enemies - Ice Campaign
  // 11: 75 killed enemies - Blood Campaign
  // 12: 100 killed enemies - Pain Campaign
  // 13: 125 killed enemies - Hate Campaign
  // 14: 150 killed enemies - War Campaign
  // 15: 175 killed enemies - Death Campaign
  // 16: 200 killed enemies - Euro Defense Commander
  // 17: 1 collected euro series - Bronze Euro Star
  // 18: 2 collected euro series - Silver Euro Star
  // 19: 3 collected euro series - Gold Euro Star
  // 20: 5000 collected euros - Yellow Ribbon
  // 21: 10000 collected euros - Orange Ribbon
  // 22: 15000 collected euros - Green Ribbon
  // 23: 20000 collected euros - Blue Ribbon
  // 24: 25000 collected euros - Brown Ribbon
  // 25: 50000 collected euros - Black Ribbon
  if (CCUserDefault::sharedUserDefault()
    ->getBoolForKey("isSoundOn")) {
    SimpleAudioEngine::sharedEngine()->playEffect("Gong.wav");
  }
  std::string identifier;
  CCLabelBMFont *label;
  if (number == 1) {
    identifier = "A0101";
    if (isS2) {
```

```
    label = CCLabelBMFont::create("MEGA SHOOTS MEDAL",
      "Typewriter_02-s2.fnt");
  } else {
    label = CCLabelBMFont::create("MEGA SHOOTS MEDAL",
      "Typewriter_02-s3.fnt");
  }
} else if (number == 2) {
  identifier = "A0102";
  if (isS2) {
    label = CCLabelBMFont::create("GIGA SHOOTS MEDAL",
      "Typewriter_02-s2.fnt");
  } else {
    label = CCLabelBMFont::create("GIGA SHOOTS MEDAL",
      "Typewriter_02-s3.fnt");
  }
} else if (number == 3) {
  identifier = "A0103";
  if (isS2) {
    label = CCLabelBMFont::create("TERA SHOOTS MEDAL",
      "Typewriter_02-s2.fnt");
  } else {
    label = CCLabelBMFont::create("TERA SHOOTS MEDAL",
    "Typewriter_02-s3.fnt");
  }
} else if (number == 4) {
  identifier = "A0104";
  if (isS2) {
    label = CCLabelBMFont::create("CRAZY SHOOTER",
      "Typewriter_02-s2.fnt");
  } else {
    label = CCLabelBMFont::create("CRAZY SHOOTER",
      "Typewriter_02-s3.fnt");
  }
} else if (number == 5) {
  identifier = "A0105";
  if (isS2) {
    label = CCLabelBMFont::create("SMALL CIVILIAN SERVICE",
      "Typewriter_02-s2.fnt");
  } else {
    label = CCLabelBMFont::create("SMALL CIVILIAN SERVICE",
      "Typewriter_02-s3.fnt");
  }
} else if (number == 6) {
  identifier = "A0106";
  if (isS2) {
```

```
      label = CCLabelBMFont::create("LARGE CIVILIAN SERVICE",
        "Typewriter_02-s2.fnt");
    } else {
      label = CCLabelBMFont::create("LARGE CIVILIAN SERVICE",
        "Typewriter_02-s3.fnt");
    }
  } else if (number == 7) {
    identifier = "A0107";
    if (isS2) {
      label = CCLabelBMFont::create("HUGE CIVILIAN SERVICE",
        "Typewriter_02-s2.fnt");
    } else {
      label = CCLabelBMFont::create("HUGE CIVILIAN SERVICE",
        "Typewriter_02-s3.fnt");
    }
  } else if (number == 8) {
    identifier = "A0108";
    if (isS2) {
      label = CCLabelBMFont::create("FRIEND KILLER",
        "Typewriter_02-s2.fnt");
    } else {
      label = CCLabelBMFont::create("FRIEND KILLER",
        "Typewriter_02-s3.fnt");
    }
  } else if (number == 9) {
    identifier = "A0109";
    if (isS2) {
      label = CCLabelBMFont::create("FIRE CAMPAIGN",
        "Typewriter_02-s2.fnt");
    } else {
      label = CCLabelBMFont::create("FIRE CAMPAIGN",
        "Typewriter_02-s3.fnt");
    }
  } else if (number == 10) {
    identifier = "A0110";
    if (isS2) {
      label = CCLabelBMFont::create("ICE CAMPAIGN",
        "Typewriter_02-s2.fnt");
    } else {
      label = CCLabelBMFont::create("ICE CAMPAIGN",
        "Typewriter_02-s3.fnt");
    }
  } else if (number == 11) {
    identifier = "A0111";
    if (isS2) {
```

```
      label = CCLabelBMFont::create("BLOOD CAMPAIGN",
        "Typewriter_02-s2.fnt");
    } else {
      label = CCLabelBMFont::create("BLOOD CAMPAIGN",
        "Typewriter_02-s3.fnt");
    }
  } else if (number == 12) {
    identifier = "AO112";
    if (isS2) {
      label = CCLabelBMFont::create("PAIN CAMPAIGN",
        "Typewriter_02-s2.fnt");
    } else {
      label = CCLabelBMFont::create("PAIN CAMPAIGN",
        "Typewriter_02-s3.fnt");
    }
  } else if (number == 13) {
    identifier = "AO113";
    if (isS2) {
      label = CCLabelBMFont::create("HATE CAMPAIGN",
        "Typewriter_02-s2.fnt");
    } else {
      label = CCLabelBMFont::create("HATE CAMPAIGN",
        "Typewriter_02-s3.fnt");
    }
  } else if (number == 14) {
    identifier = "AO114";
    if (isS2) {
      label = CCLabelBMFont::create("WAR CAMPAIGN",
        "Typewriter_02-s2.fnt");
    } else {
      label = CCLabelBMFont::create("WAR CAMPAIGN",
        "Typewriter_02-s3.fnt");
    }
  } else if (number == 15) {
    identifier = "AO115";
    if (isS2) {
      label = CCLabelBMFont::create("DEATH CAMPAIGN",
        "Typewriter_02-s2.fnt");
    } else {
      label = CCLabelBMFont::create("DEATH CAMPAIGN",
        "Typewriter_02-s3.fnt");
    }
  } else if (number == 16) {
    identifier = "AO116";
    if (isS2) {
```

```
      label = CCLabelBMFont::create("EURO DEFENSE COMMANDER",
         "Typewriter_02-s2.fnt");
   } else {
      label = CCLabelBMFont::create("EURO DEFENSE COMMANDER",
         "Typewriter_02-s3.fnt");
   }
} else if (number == 17) {
   identifier = "A0117";
   if (isS2) {
      label = CCLabelBMFont::create("BRONZE EURO STAR",
         "Typewriter_02-s2.fnt");
   } else {
      label = CCLabelBMFont::create("BRONZE EURO STAR",
         "Typewriter_02-s3.fnt");
   }
} else if (number == 18) {
   identifier = "A0118";
   if (isS2) {
      label = CCLabelBMFont::create("SILVER EURO STAR",
         "Typewriter_02-s2.fnt");
   } else {
      label = CCLabelBMFont::create("SILVER EURO STAR",
         "Typewriter_02-s3.fnt");
   }
} else if (number == 19) {
   identifier = "A0119";
   if (isS2) {
      label = CCLabelBMFont::create("GOLD EURO STAR",
         "Typewriter_02-s2.fnt");
   } else {
      label = CCLabelBMFont::create("GOLD EURO STAR",
         "Typewriter_02-s3.fnt");
   }
} else if (number == 20) {
   identifier = "A0120";
   if (isS2) {
      label = CCLabelBMFont::create("YELLOW RIBBON",
         "Typewriter_02-s2.fnt");
   } else {
      label = CCLabelBMFont::create("YELLOW RIBBON",
         "Typewriter_02-s3.fnt");
   }
} else if (number == 21) {
   identifier = "A0121";
   if (isS2) {
```

ation melden** 217

```
      label = CCLabelBMFont::create("ORANGE RIBBON",
        "Typewriter_02-s2.fnt");
  } else {
    label = CCLabelBMFont::create("ORANGE RIBBON",
      "Typewriter_02-s3.fnt");
  }
} else if (number == 22) {
  identifier = "A0122";
  if (isS2) {
    label = CCLabelBMFont::create("GREEN RIBBON",
      "Typewriter_02-s2.fnt");
  } else {
    label = CCLabelBMFont::create("GREEN RIBBON",
      "Typewriter_02-s3.fnt");
  }
} else if (number == 23) {
  identifier = "A0123";
  if (isS2) {
    label = CCLabelBMFont::create("BLUE RIBBON",
      "Typewriter_02-s2.fnt");
  } else {
    label = CCLabelBMFont::create("BLUE RIBBON",
      "Typewriter_02-s3.fnt");
  }
} else if (number == 24) {
  identifier = "A0124";
  if (isS2) {
    label = CCLabelBMFont::create("BROWN RIBBON",
      "Typewriter_02-s2.fnt");
  } else {
    label = CCLabelBMFont::create("BROWN RIBBON",
      "Typewriter_02-s3.fnt");
  }
} else {
  identifier = "A0125";
  if (isS2) {
    label = CCLabelBMFont::create("BLACK RIBBON",
      "Typewriter_02-s2.fnt");
  } else {
    label = CCLabelBMFont::create("BLACK RIBBON",
      "Typewriter_02-s3.fnt");
  }
}
if (isS2) {
  label->setPosition(ccp(800 / 2, 480 / 2));
```

```cpp
    } else {
      label->setPosition(ccp(1280 / 2, 720 / 2));
    }
    addChild(label, 6);
    label->runAction(CCSequence::create(
      CCDelayTime::create(3),
      CCCallFuncN::create(this,
      callfuncN_selector(DoYourJob::achievementEnded)),
      NULL));
    CCParticleSystem *starSystem;
    if (isS2) {
      starSystem = CCParticleSystemQuad::create(
        "Star_02-s2.plist");
    } else {
      starSystem = CCParticleSystemQuad::create(
        "Star_02-s3.plist");
    }
    addChild(starSystem, 5);
    starSystem->runAction(CCSequence::create(
      CCDelayTime::create(0.5),
      CCCallFuncN::create(this,
      callfuncN_selector(DoYourJob::starSystemStopped)),
      NULL));
    CCUserDefault::sharedUserDefault()
      ->setBoolForKey(identifier.c_str(), true);
}

void DoYourJob::achievementEnded(CCNode* sender) {
  CCSprite *sprite = (CCSprite*) sender;
  removeChild(sprite, true);
}

void DoYourJob::starSystemStopped(CCNode* sender) {
  CCParticleSystem *part = (CCParticleSystem*) sender;
  part->stopSystem();
  part->runAction(CCSequence::create(
    CCDelayTime::create(5), CCCallFuncN::create(this,
    callfuncN_selector(DoYourJob::starSystemEnded)), NULL));
}

void DoYourJob::starSystemEnded(CCNode* sender) {
  CCParticleSystem *part = (CCParticleSystem*) sender;
  removeChild(part, true);
}
```

10 Szenen verwalten

In diesem Kapitel behandeln wir:

• den Aufbau von Szenen und Ebenen

• verschiedene Übergänge zwischen Szenen

10.1 Szenen mit Ebenen aufbauen

In Cocos2D gibt es die Klasse `CCScene` für Szenen sowie `CCLayer` und `CCLayerColor` für Ebenen. Eine Szene kann mehrere Ebenen enthalten, zum Beispiel eine Hintergrundebene und eine Spielebene. Nun können wir alle Bilder der Spielebene entfernen, während der Hintergrund auf der anderen Ebene erhalten bleibt.

Eine Szene hat im Header den allgemeinen Aufbau:

```
#import "cocos2d.h"

@interface <Szene> : CCScene {
}

@end
```

Anstelle von `<Szene>` schreiben wir den Klassennamen.

Die Implementierung hat bei der Verwendung von zwei Ebenen den allgemeinen Aufbau:

```
#import "<Ebene1>.h"
#import "<Ebene2>.h"
#import "<Szene>.h"

@implementation <Szene>

-(id)init
{
  self = [super init];
  if (self != nil) {
    <Ebene1> *layer1 = [<Ebene1> node];
    [self addChild:layer1];
    <Ebene2> *layer2 = [<Ebene2> node];
```

```
   [self addChild:layer2];
 }
 return self;
}

@end
```

Die Methode `init` alloziert die Szene und fügt ihr zwei Ebenen hinzu. Anstelle von `<Ebene1>` und `<Ebene2>` schreiben wir die Klassennamen der beiden Ebenen.

- `node` ist eine statische Methode zur Erschaffung eines CCNode.

```
+ (id) node
```

Eine Ebene hat im Header den allgemeinen Aufbau

```
#import "cocos2d.h"

@interface <Ebene1> : CCLayer {
}

@end
```

und einen entsprechenden für `<Ebene2>`. Hinzu kommen Variablen, die später für die Funktionsweise der Klasse nötig sind.

Die Implementierung hat den allgemeinen Aufbau

```
#import "<Ebene1>.h"
#import "<Szene>.h"

@implementation <Ebene1>

-(id)init {
  self = [super init];
  if (self != nil) {
    // code
  }
  return self;
}

-(void)dealloc
{
  [super dealloc];
}

@end
```

und einen entsprechenden für <Ebene2>. Die Methode `init` enthält Anweisungen zur Initialisierung der Variablen, Gestaltung der grafischen Benutzeroberfläche, Freischaltung von Touch-Ereignissen und Einrichtung von Strängen. Die Methode `dealloc` gibt belegten Speicherplatz von Variablen am Ende des Lebenslaufs der Ebene wieder frei. Es kommen weitere Methoden für das Verhalten der Klasse hinzu.

Für die Klasse `CCLayer` können wir auch die Klasse `CCLayerColor` für eine Ebene mit einer bestimmten Hintergrundfarbe nehmen. Anstelle der Zeile

```
self = [super init];
```

nutzen wir dann die Zeile

```
self = [super initWithColor:ccc4(255, 255, 255, 255)];
```

für eine Ebene mit einem weißen und undurchsichtigen Hintergrund.

- `initWithColor` ist eine statische Methode zur Erschaffung eines `CCLayerColor`.

```
- (id) initWithColor: (ccColor4B) color
```

- `ccc4` ist eine Methode zur Erschaffung einer Farbe des Typs `ccColor4B` mit vier Werten für den Rot-, Grün-, Blau- und Transparenzanteil einer Farbe.

```
+ (ccColor4B) ccc4(GLubyte, GLubyte, GLubyte, GLubyte)
```

Der allgemeine Aufbau im Header für eine Ebene in Cocos2D-X ist:

```
#ifndef __EBENE1_SCENE_H__
#define __EBENE1_SCENE_H__

#include "cocos2d.h"

class <Ebene1> : public cocos2d::CCLayer {

public:
  virtual bool init();
  static cocos2d::CCScene* scene();

  LAYER_CREATE_FUNC(<Ebene1>);

};

#endif
```

Der allgemeine Aufbau der Implementierung ist:

```
USING_NS_CC;

CCScene* <Ebene1>::scene() {
```

```
CCScene *scene = CCScene::create();
<Ebene1> *layer = <Ebene1>::create();
scene->addChild(layer);
return scene;

}


bool <Ebene1>::init() {
  if (!CCLayer::init()) {
    return false;
  }
  // code
}
```

Um eine Ebene farbig zu machen, ersetzen wir CCLayer am Ende der Zeile

```
class <Ebene1> : public cocos2d::CCLayer
```

durch CCLayerColor.

```
class <Ebene1> : public cocos2d::CCLayerColor
```

Anschließend ersetzen wir die Zeile

```
if (!CCLayer::init()) {
```

durch die Zeile

```
if (!CCLayerColor::initWithColor(ccc4(255, 255, 255, 255))) {
```

Über den Ausdruck <Ebene1>::scene() greifen wir auf die Szene zu, die wir später für Übergänge brauchen.

10.2 Eine Szene starten oder ersetzen

Im Spiel *Euro Crisis LT* haben wir an vielen Stellen Übergänge zwischen Szenen. Zuerst erscheint die MenuScene mit dem Hauptmenü. Über die Schaltflächen Options, Help, Play, Leaderboard und Achievements gelangt der Spieler zu den Szenen OptionsScene zur Einstellung von Optionen, HelpScene mit einer Spielanleitung, DoYourJobScene mit dem Spiel, LeaderboardScene zur Anzeige der Bestenliste und AchievementsScene1 mit der Anzeige der ersten Hälfte der Erfolge.

Zum Wechseln zu einer anderen Szene gibt es zwei Methoden in der Klasse CCDirector:

- pushScene ist eine Methode zum Starten der ersten Szene.

```
- (void) pushScene: (CCScene *) scene
```

- `replaceScene` ist eine Methode zum Beenden der aktuellen Szene und zum Starten der nächsten Szene.

```
- (void) replaceScene: (CCScene *) scene
```

In der Datei *AppDelegate.m* des Projekts *code/ios_15* stehen die Anweisungen

```
NSUserDefaults *defaults
  = [NSUserDefaults standardUserDefaults];
if ([defaults objectForKey:@"state"] == nil) {
  [defaults setInteger:0 forKey:@"state"];
}
```

zur Einrichtung der Benutzereinstellung `state`. Abhängig von dieser Einstellung gibt es später im Programm verschiedene Szenenübergänge.

Am Ende der Anweisungen steht

```
[director_ pushScene: [DoYourJobScene node]];
```

zur Ausführung der Szene `DoYourJobScene` mit der Ebene `DoYourJobLayer`.

Die entsprechenden Anweisungen für Cocos2D-X sind:

```
CCUserDefault* defaults = CCUserDefault::sharedUserDefault();
if (defaults->getIntegerForKey("state") == 0) {
  CCUserDefault::sharedUserDefault()
    ->setIntegerForKey("state", 1);
}
```

Wir setzen die Variable `state` hier auf 1, weil die Methode `getIntegerForKey` die Zahl 0 liefert, wenn der Schlüssel nicht existiert.

Der Start der ersten Szene gelingt mit den Anweisungen:

```
CCScene *pScene = DoYourJob::scene();
pDirector->runWithScene(pScene);
```

10.3 Übergänge zwischen zwei Szenen

In Cocos2D gibt es die Klassen `CCTransitionFade`, `CCTransitionFadeBL`, `CCTransitionFadeDown`, `CCTransitionFadeTR`, `CCTransitionFadeUp`, `CCTransitionFlipAngular`, `CCTransitionFlipX`, `CCTransitionFlipY`, `CCTransitionJumpZoom`, `CCTransitionMoveInB`, `CCTransitionMoveInL`, `CCTransitionMoveInR`, `CCTransitionMoveInT`, `CCTransitionPageTurn`, `CCTransitionProgressHorizontal`, `CCTransitionProgressRadialCCW`, `CCTransitionProgressRadialCW`, `CCTransitionRotoZoom`, `CCTransitionScene`, `CCTransitionSceneOriented`, `CCTransitionShrinkGrow`, `CCTransitionSlideInB`, `CCTransitionSlideInL`, `CCTransitionSlideInR`, `CCTransitionSlideInT`,

CCTransitionSplitCols, CCTransitionSplitRows, CCTransitionTurnOffTiles, CCTransitionZoomFlipAngular, CCTransitionZoomFlipX und CCTransitionZoomFlipY für verschiedene Möglichkeiten, um von einer Szene zur nächsten zu wechseln. Solche Übergänge sollten sehr sparsam eingesetzt werden, weil sie nerven können.

Die Klassen für Übergänge zwischen Szenen haben statische Methoden, die eine Szene mit einem Übergang koppeln. Zum Beispiel sorgt die Methode

```
+ (id) transitionWithDuration: (ccTime) t scene: (CCScene *) s
  backwards: (BOOL) back
```

in der Klasse CCTransitionPageTurn für einen Seitenblättereffekt. Als Parameter verlangt sie die zeitliche Länge des Effekts, eine Szene und einen Hinweis, ob vorwärts oder rückwärts geblättert werden soll.

Die Anweisung

```
[[CCDirector sharedDirector]
  replaceScene:[CCTransitionPageTurn
  transitionWithDuration:1 scene:[DoYourJobScene node]]];
```

ersetzt die aktuelle Szene durch die DoYourJobScene und nutzt einen Seitenblättereffekt mit einer Dauer von einer Sekunde als Übergang.

Die Datei *DoYourJobLayer.m* enthält die Anweisungen:

```
#import "DoYourJobLayer.h"
#import "DoYourJobScene.h"

@implementation DoYourJobLayer

-(id)init {
  self = [super init];
  if (self != nil) {
    if (UI_USER_INTERFACE_IDIOM()
      == UIUserInterfaceIdiomPhone) {
      isPhone = true;
    }
    CCSprite *background =
      [CCSprite spriteWithFile:@"DoYourJob.png"];
    background.anchorPoint = ccp(0, 0);
    background.position = ccp(0, 0);
    background.zOrder = 1;
    [self addChild:background];
  }
  [[[CCDirector sharedDirector] touchDispatcher]
    addTargetedDelegate:self priority:0 swallowsTouches:YES];
  return self;
}
```

Die Methode `ccTouchBegan` sorgt dafür, dass sich die Benutzereinstellung `state` um 1 erhöht. Abhängig von `state`, gibt es einen anderen Übergang zur nächsten `DoYourJobScene`.

```
-(BOOL)ccTouchBegan:(UITouch *)touch withEvent:
  (UIEvent *)event {
  int state = [[NSUserDefaults standardUserDefaults]
    integerForKey:@"state"] + 1;
  [[NSUserDefaults standardUserDefaults] setInteger:state
    forKey:@"state"];
```

Der erste Übergang ist ein Seitenblättereffekt vorwärts.

```
if (state == 1) {
  [[CCDirector sharedDirector]
    replaceScene:[CCTransitionPageTurn
    transitionWithDuration:1 scene:[DoYourJobScene node]]];
```

Der zweite Übergang ist ein Seitenblättereffekt rückwärts.

```
} else if (state == 2) {
  [[CCDirector sharedDirector]
    replaceScene:[CCTransitionPageTurn
    transitionWithDuration:1 scene:[DoYourJobScene node]
    backwards:true]];
```

Beim dritten Übergang wird die alte Szene ausgeblendet und die neue Szene eingeblendet. Die Übergangsfarbe ist Schwarz.

```
} else if (state == 3) {
  [[CCDirector sharedDirector]
    replaceScene:[CCTransitionFade transitionWithDuration:1
    scene:[DoYourJobScene node] withColor:ccc3(0, 0, 0)]];
```

Beim vierten Übergang verkleinert sich die alte Szene, während sich die neue Szene vergrößert.

```
} else if (state == 4) {
  [[CCDirector sharedDirector]
    replaceScene:[CCTransitionShrinkGrow
    transitionWithDuration:1 scene:[DoYourJobScene node]]];
```

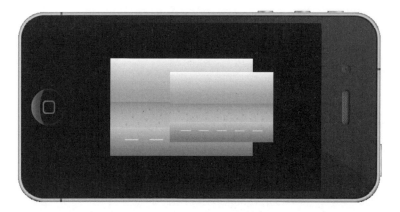

Bild 10.1: Verkleinerung der alten und Vergrößerung der neuen Szene

Beim fünften Übergang kommt die neue Szene von oben herein und überlagert die alte Szene.

```
} else if (state == 5) {
  [[CCDirector sharedDirector]
    replaceScene:[CCTransitionMoveInT
    transitionWithDuration:1 scene:[DoYourJobScene node]]];
```

Der sechste Übergang ist ein Drehspiegelungseffekt.

```
} else if (state == 6) {
  [[CCDirector sharedDirector]
    replaceScene:[CCTransitionFlipAngular
    transitionWithDuration:1 scene:[DoYourJobScene node]
    orientation:kOrientationLeftOver]];
```

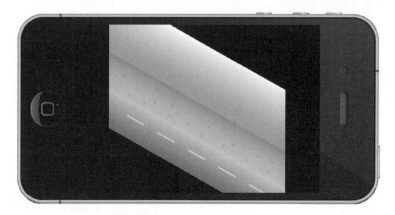

Bild 10.2: Drehspiegelungseffekt als Übergang

```
  }
  return TRUE;
}


-(void)dealloc
{
    [super dealloc];
}


@end
```

Die entsprechenden Anweisungen für Cocos2D-X sind:

```
#include "DoYourJobScene.h"


USING_NS_CC;


CCScene* DoYourJob::scene() {
  CCScene *scene = CCScene::create();
  DoYourJob *layer = DoYourJob::create();
  scene->addChild(layer);
  return scene;
}


bool DoYourJob::init() {
  if (!CCLayer::init())    {
    return false;
  }
  isS2 = CCDirector::sharedDirector()->getWinSize().width
    == 800.0f;
  CCSprite* background;
  if (isS2) {
    background = CCSprite::create("DoYourJob-s2.png");
  } else {
    background = CCSprite::create("DoYourJob-s3.png");
  }
  background->setAnchorPoint(ccp(0, 0));
  background->setPosition(ccp(0, 0));
  addChild(background, 1);
}


bool DoYourJob::ccTouchBegan(CCTouch* touch, CCEvent* event) {
  int state = CCUserDefault::sharedUserDefault()
    ->getIntegerForKey("state") + 1;
  CCUserDefault::sharedUserDefault()
    ->setIntegerForKey("state", state);
```

```
if (state == 2) {
  CCDirector::sharedDirector()->replaceScene(
  CCTransitionPageTurn::create(1,
    DoYourJob::scene(), false));
} else if (state == 3) {
  CCDirector::sharedDirector()->replaceScene(
  CCTransitionPageTurn::create(1,
    DoYourJob::scene(), true));
} else if (state == 4) {
  CCDirector::sharedDirector()->replaceScene(
  CCTransitionFade::create(1,
    DoYourJob::scene(), ccc3(0, 0, 0)));
} else if (state == 5) {
  CCDirector::sharedDirector()->replaceScene(
  CCTransitionShrinkGrow::create(1,
    DoYourJob::scene()));
} else if (state == 6) {
  CCDirector::sharedDirector()->replaceScene(
  CCTransitionMoveInT::create(1, DoYourJob::scene()));
} else if (state == 7) {
  CCDirector::sharedDirector()->replaceScene(
  CCTransitionFlipAngular::create(1,
    DoYourJob::scene(), kOrientationRightOver));
}
return true;
}
```

11 Menüs einbauen

In diesem Kapitel behandeln wir:

- den Einbau von Menüs
- den Blinkeffekt bei Schaltflächen
- die Auswahl von Optionen

11.1 Schaltflächen vorsehen

Cocos2D liefert die grundlegenden Klassen `CCMenu`, `CCMenuItem`, `CCMenuItemAtlasFont`, `CCMenuItemFont`, `CCMenuItemImage`, `CCMenuItemLabel`, `CCMenuItemSprite` und `CCMenuItemToggle` zum Aufbau einfacher Menüs. In den meisten Spielen tauchen jedoch selbst programmierte Benutzeroberflächen auf, weil sie professioneller aussehen. Speziell für Arcade-Spiele benötigen wir blinkende Schaltflächen, um den Spieler darauf aufmerksam zu machen, was er als Nächstes tun kann.

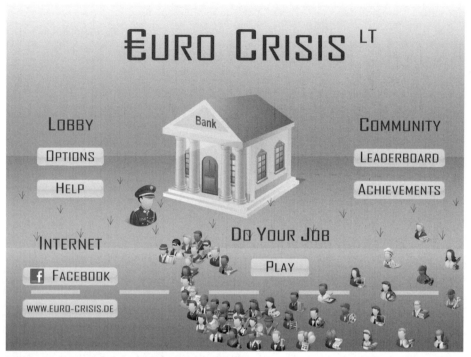

Bild 11.1: Hauptmenü des Spiels auf dem iPad

Auf dem iPad stehen die folgenden Möglichkeiten zur Verfügung:

- *Options*: Auswahl von Benutzereinstellungen

- *Help*: Hilfe zum Spiel

- *Facebook*: Link zur Facebook-Seite des Spiels

- *www.euro-crisis*.de: Link zur Website des Spiels

- *Play*: Start eines Spiels

- *Leaderboard*: Anzeige der Bestenliste

- *Achievements*: Anzeige der Erfolge

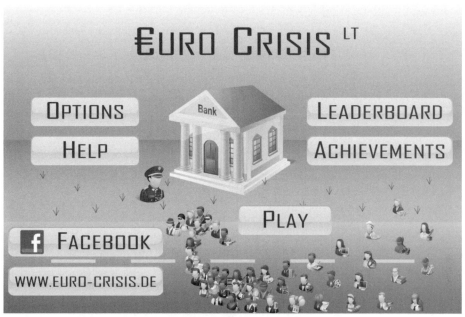

Bild 11.2: Hauptmenü des Spiels auf dem iPhone

Auf dem iPhone gibt es die gleichen Schaltflächen, allerdings fehlen die Beschriftungen *Lobby, Internet, Do Your Job* und *Community,* um die Übersichtlichkeit zu beizubehalten. Auf kleineren Geräten müssen grafische Benutzeroberflächen aus Gründen der Softwareergonomie stark vereinfacht sein.

Die Szene für das Menü enthält die Ebene MenuLayer. In der Datei *MenuLayer.h* richten wir einige Variablen ein.

```
bool isOn;
bool isPhone;

CCSprite *options1;
CCSprite *options2;
CCSprite *help1;
CCSprite *help2;
CCSprite *facebook1;
CCSprite *facebook2;
CCSprite *website1;
CCSprite *website2;
CCSprite *play1;
CCSprite *play2;
CCSprite *leaderboard1;
CCSprite *leaderboard2;
CCSprite *achievements1;
CCSprite *achievements2;
```

- `isOn`: Hinweis, ob die Schaltflächen nicht leuchten oder leuchten

- `isPhone`: Hinweis, ob es sich beim Gerät um ein iPhone handelt oder nicht

- `options1`, `options2`: die Schaltfläche *Optionen* in den Varianten unbeleuchtet (`options1`) und beleuchtet (`options2`)

- `help1`, `help2`: die Schaltfläche *Help* in den Varianten unbeleuchtet (`help1`) und beleuchtet (`help2`)

- `facebook1`, `facebook2`: die Schaltfläche *Facebook* in den Varianten unbeleuchtet (`facebook1`) und beleuchtet (`facebook2`)

- `website1`, `website2`: die Schaltfläche *www.euro-crisis.de* in den Varianten unbeleuchtet (`website1`) und beleuchtet (`website2`)

- `play1`, `play2`: die Schaltfläche *Play* in den Varianten unbeleuchtet (`play1`) und beleuchtet (`play2`)

- `leaderboard1`, `leaderboard2`: die Schaltfläche *Leaderboard* in den Varianten unbeleuchtet (`leaderboard1`) und beleuchtet (`leaderboard2`)

- `achievements1`, `achievements2`: die Schaltfläche *Achievements* in den Varianten unbeleuchtet (`achievements1`) und beleuchtet (`achievements2`)

In der Methode `init` laden wir die Bilder für die Schaltflächen und platzieren sie abhängig vom jeweiligen Gerät.

```
-(id)init {
  self = [super init];
  if (self != nil) {
    CCSprite *background = [CCSprite
      spriteWithFile:@"MenuScene.png"];
    background.anchorPoint = ccp(0, 0);
    background.position = ccp(0, 0);
    background.zOrder = 2;
    [self addChild:background];
    isOn = false;
    if (UI_USER_INTERFACE_IDIOM() ==
      UIUserInterfaceIdiomPhone) {
      isPhone = true;
    }
    options1 = [CCSprite spriteWithFile:@"Options_01.png"];
    options1.anchorPoint = ccp(0, 0);
    if (isPhone) {
        options1.position = ccp(29, 320 - 99 - 30);
    } else {
        options1.position = ccp(69, 768 - 325 - 40);
    }
```

Die Schaltfläche `options1` ist die unbeleuchtete Variante und kommt nach vorne, damit sie zu sehen ist.

```
options1.zOrder = 3;
[self addChild:options1];
options2 = [CCSprite spriteWithFile:@"Options_02.png"];
options2.anchorPoint = ccp(0, 0);
if (isPhone) {
  options2.position = ccp(29, 320 - 99 - 30);
} else {
  options2.position = ccp(69, 768 - 325 - 40);
}
```

Die Schaltfläche `options2` ist die beleuchtete Variante und kommt hinter das Hintergrundbild, damit sie nicht zu sehen ist.

```
options2.zOrder = 1;
[self addChild:options2];
... weitere Schaltflächen ...
[[[CCDirector sharedDirector] touchDispatcher]
  addTargetedDelegate:self priority:0
  swallowsTouches:YES];
```

Zweimal pro Sekunde wird die Methode `change` aufgerufen, um den Zustand der Schaltflächen von unbeleuchtet nach beleuchtet und umgekehrt zu ändern.

```
[self schedule:@selector(change:) interval:0.5];
if ([[NSUserDefaults standardUserDefaults]
  boolForKey:@"isMusicOn"]) {
  if (![[SimpleAudioEngine sharedEngine]
    isBackgroundMusicPlaying]) {
    [[SimpleAudioEngine sharedEngine]
    playBackgroundMusic:@"Start.aiff" loop:YES];
  }
 }
}
return self;
}
```

Die Methode `change` ändert die `zOrder`-Werte der Schaltflächen.

```
-(void)change:(ccTime)dt {
```

Wenn die Schaltflächen beleuchtet sind, kommt die beleuchtete Variante nach hinten und die unbeleuchtete nach vorne.

```
if (isOn) {
  isOn = false;
  options1.zOrder = 3;
```

```
help1.zOrder = 3;
facebook1.zOrder = 3;
website1.zOrder = 3;
play1.zOrder = 3;
leaderboard1.zOrder = 3;
achievements1.zOrder = 3;
options2.zOrder = 1;
help2.zOrder = 1;
facebook2.zOrder = 1;
website2.zOrder = 1;
play2.zOrder = 1;
leaderboard2.zOrder = 1;
achievements2.zOrder = 1;
```

Wenn die Schaltflächen unbeleuchtet sind, kommt die unbeleuchtete Variante nach hinten und die beleuchtete nach vorne.

```
} else {
  isOn = true;
  options2.zOrder = 3;
  help2.zOrder = 3;
  facebook2.zOrder = 3;
  website2.zOrder = 3;
  play2.zOrder = 3;
  leaderboard2.zOrder = 3;
  achievements2.zOrder = 3;
  options1.zOrder = 1;
  help1.zOrder = 1;
  facebook1.zOrder = 1;
  website1.zOrder = 1;
  play1.zOrder = 1;
  leaderboard1.zOrder = 1;
  achievements1.zOrder = 1;
  }
}
```

Durch die Änderung der Reihenfolge auf dem Bildschirm entsteht ein Blinkeffekt. Die Lampen hinter den Schaltflächen gehen einmal pro Sekunde an und aus.

Die Methode ccTouchBegan reagiert, wenn der Spieler auf eine Schaltfläche drückt.

```
-(BOOL)ccTouchBegan:(UITouch *)touch withEvent:
  (UIEvent *)event {
  CGPoint touchLocation = [self
    convertTouchToNodeSpace:touch];
  int x = touchLocation.x;
  int y = touchLocation.y;
```

Bei der Schaltfläche *Options* erscheint die OptionsScene.

```
if ((isPhone && 29 <= x && x <= 29 + 114
  && 320 - 99 - 30 <= y && y <= 320 - 99) ||
  (!isPhone && 69 <= x && x <= 69 + 152 && 768 - 325 - 40
  <= y && y <= 768 - 325)) { // Options
  [self playButtonSound];
  [[CCDirector sharedDirector] replaceScene:
  [CCTransitionPageTurn transitionWithDuration:1
    scene:[OptionsScene node]]];
```

Bei der Schaltfläche *Help* erscheint die HelpScene.

```
} else if ((isPhone && 29 <= x && x <= 29 + 114
  && 320 - 139 - 30 <= y && y <= 320 - 139) ||
  (!isPhone && 69 <= x && x <= 69 + 152 && 768 - 395 - 40
  <= y && y <= 768 - 395)) { // Help
  [self playButtonSound];
  [[CCDirector sharedDirector] replaceScene:
    [CCTransitionPageTurn transitionWithDuration:1
    scene:[HelpScene node]]];
```

Bei der Schaltfläche *Facebook* wird ein Aufruf zur Anzeige einer Website über eine URL gestartet. Dieser führt dazu, dass das Spiel in den Hintergrund kommt und Safari mit der gewünschten Website erscheint.

```
} else if ((isPhone && 5 <= x && x <= 5 + 162
  && 320 - 232 - 30 <= y && y <= 320 - 232) ||
  (!isPhone && 37 <= x && x <= 37 + 216 && 768 - 585 - 40
  <= y && y <= 768 - 585)) { // Facebook
  [self playButtonSound];
  [[UIApplication sharedApplication] openURL:
    [NSURL URLWithString:@"http://www.facebook.com/pages/...
    ...Euro-Crisis/418114114893114"]];
```

Bei der Schaltfläche *www.euro-crisis.de* erscheint die zugehörige Website.

```
} else if ((isPhone && 5 <= x && x <= 5 + 162
  && 320 - 272 - 30 <= y && y <= 320 - 272) ||
  (!isPhone && 37 <= x && x <= 37 + 216 && 768 - 655 - 40
  <= y && y <= 768 - 655)) { // Website
  [self playButtonSound];
  [[UIApplication sharedApplication] openURL:[NSURL
    URLWithString:@"http://www.euro-crisis.de"]];
```

Bei der Schaltfläche *Play* erscheint die DoYourJobScene.

```
} else if ((isPhone && 246 <= x && x <= 246 + 98
  && 320 - 210 - 30 <= y && y <= 320 - 210) ||
```

```
    (!isPhone && 549 <= x && x <= 549 + 130 && 768 - 565 - 40
    <= y && y <= 768 - 565)) { // Play
    [self playButtonSound];
    [[CCDirector sharedDirector] replaceScene:
      [CCTransitionPageTurn transitionWithDuration:1
      scene:[DoYourJobScene node]]];
    return true;
  ... weitere Schaltflächen ...
}
```

Die Aktionen bei den Schaltflächen *Leaderboard* und *Achievements* behandeln wir im nächsten Kapitel. Beim iPhone öffnen sich Dialoge mit den Bestenlisten und Erfolgen im Game Center. Beim iPad erscheinen lokale Übersichten der Bestenlisten und der Erfolge mit Schaltflächen zum Game Center.

Die Methode `playButtonSound` spielt ein Geräusch ab, das beim Drücken einer mechanischen Taste entsteht.

```
-(void)playButtonSound {
  if ([[NSUserDefaults standardUserDefaults]
    boolForKey:@"isSoundOn"]) {
  [[SimpleAudioEngine sharedEngine]
    playEffect:@"Button.aiff"];
}
```

Die entsprechenden Anweisungen für Cocos2D-X für die Methode `init` sind:

```
bool Menu::init()
{
  if (!CCLayer::init()) {
    return false;
  }
  isOn = false;
  isS2 = CCDirector::sharedDirector()->getWinSize().width
    == 800.0f;
  CCSprite *background;
  if (isS2) {
    background = CCSprite::create("MenuScene-s2.png");
  } else {
    background = CCSprite::create("MenuScene-s3.png");
  }
  background->setAnchorPoint(ccp(0, 0));
  background->setPosition(ccp(0, 0));
  this->addChild(background, 2);
  if (isS2) {
    options1 = CCSprite::create("Options_01-s2.png");
    options1->setPosition(ccp(40, 351));
```

```
  } else {
    options1 = CCSprite::create("Options_01-s3.png");
    options1->setPosition(ccp(130, 373));
  }
  options1->setAnchorPoint(ccp(0, 0));
  this->addChild(options1, 3);
  ... weitere Schaltflächen ...
```

Die Schaltflächen *Leaderboard* und *Achievements* erscheinen nur auf größeren Bildschirmen.

```
  if (!isS2) {
    leaderboard1 = CCSprite::create("Leaderboard_01-s3.png");
    leaderboard1->setPosition(ccp(800, 372));
    leaderboard1->setAnchorPoint(ccp(0, 0));
    this->addChild(leaderboard1, 3);
    leaderboard2 = CCSprite::create("Leaderboard_02-s3.png");
    leaderboard2->setPosition(ccp(800, 372));
    leaderboard2->setAnchorPoint(ccp(0, 0));
    this->addChild(leaderboard2, 1);
    achievements1 = CCSprite::create(
      "Achievements_01-s3.png");
    achievements1->setPosition(ccp(800, 302));
    achievements1->setAnchorPoint(ccp(0, 0));
    this->addChild(achievements1, 3);
    achievements2 = CCSprite::create(
      "Achievements_02-s3.png");
    achievements2->setPosition(ccp(800, 302));
    achievements2->setAnchorPoint(ccp(0, 0));
    this->addChild(achievements2, 1);
  }
  CCDirector::sharedDirector()->getTouchDispatcher()
    ->addTargetedDelegate(this, 1, true);
  this->schedule(schedule_selector(Menu::change), 0.5);
  if (CCUserDefault::sharedUserDefault()
    ->getBoolForKey("isMusicOn")) {
      SimpleAudioEngine::sharedEngine()
        ->playBackgroundMusic("Start.wav", true);
  }
}
```

Die Anweisungen für Cocos2D-X für die Methode change sind:

```
void Menu::change(CCTime *dt) {
  if (isOn) {
    isOn = false;
    reorderChild(options1, 3);
```

```
  reorderChild(help1, 3);
  reorderChild(facebook1, 3);
  reorderChild(website1, 3);
  reorderChild(play1, 3);
  if (!isS2) {
    reorderChild(leaderboard1, 3);
    reorderChild(achievements1, 3);
  }
  reorderChild(options2, 1);
  reorderChild(help2, 1);
  reorderChild(facebook2, 1);
  reorderChild(website2, 1);
  reorderChild(play2, 1);
  if (!isS2) {
    reorderChild(leaderboard2, 1);
    reorderChild(achievements2, 1);
  }
} else {
  isOn = true;
  reorderChild(options1, 1);
  reorderChild(help1, 1);
  reorderChild(facebook1, 1);
  reorderChild(website1, 1);
  reorderChild(play1, 1);
  if (!isS2) {
    reorderChild(leaderboard1, 1);
    reorderChild(achievements1, 1);
  }
  reorderChild(options2, 3);
  reorderChild(help2, 3);
  reorderChild(facebook2, 3);
  reorderChild(website2, 3);
  reorderChild(play2, 3);
  if(!isS2) {
    reorderChild(leaderboard2, 3);
    reorderChild(achievements2, 3);
  }
}
}
```

Anders als bei iOS müssen wir für Android einige Dinge für die Methode `ccTouchBegan` ändern, weil es in Cocos2D-X keine native Methode gibt, um eine URL aufzurufen.

In Eclipse bearbeiten Sie in Ihrem Projekt die Datei:

src/org.cocos2dx.lib/Cocos2dxActivity.java

Fügen Sie die Anweisungen

```
import android.content.Intent;
import android.net.Uri;
```

am Anfang und die Zeile

```
private static Activity me = null;
```

direkt hinter der Zeile

```
private static String packageName;
```

hinzu. Schreiben Sie die Methode

```
public static void openURL(String url) {
  Intent i = new Intent(Intent.ACTION_VIEW);
  i.setData(Uri.parse(url));
  me.startActivity(i);
}
```

hinein. Kopieren Sie die Dateien *UrlJni.h* und *UrlJni.cpp* im Ordner *code/adds* der Beispieldateien zum Buch in den Ordner *cocos2dx/platform/android/jni* von Cocos2D-X. Ersetzen Sie die Datei *android.mk* im Ordner *cocos2dx* durch die entsprechende Datei im Ordner *code/adds*.

Nun können wir die Methode

```
openURLJNI(<URL>);
```

verwenden, um eine URL im Android-Browser aufzurufen.

Die Methode `ccTouchBegan` in Cocos2D-X ist:

```
bool Menu::ccTouchBegan(CCTouch *touch, CCEvent *event) {
  CCPoint touchLocation = convertTouchToNodeSpace(touch);
  int x = touchLocation.x;
  int y = touchLocation.y;
  if ((40 <= x && x <= 191 && 480 - 99 - 30 <= y &&
    y <= 480 - 99 - 30 + 40) || (130 <= x && x <= 130 + 226
    && 768 - 325 - 70<= y && y <= 768 - 325 - 70 + 60)) {
    CCDirector::sharedDirector()
    ->replaceScene(CCTransitionPageTurn::create(
      1.0, Options::scene(), false
    ));
```

```
} else if ((isS2 && 40 <= x && x <= 40 + 151
   && 480 - 139 - 50 <= y && y <= 480 - 139 - 50 + 40)
   || (!isS2 && 130 <= x && x <= 130 + 226
   && 768 - 395 - 70 <= y && y <= 768 - 395 - 70 + 60) ) {
   CCDirector::sharedDirector()
   ->replaceScene(CCTransitionPageTurn::create(
      1.0, Help::scene(), false
   ));
} else if ((isS2 && 410 <= x && x <= 410 + 98 && 320 - 210
   <= y && y <= 320-210 + 30) || (!isS2 && 549 <= x
   && x <= 549 + 130 && 768 - 565 - 40 <= y
   && y <= 768 - 565)) {
   CCDirector::sharedDirector()
   ->replaceScene(CCTransitionPageTurn::create(
      1.0, DoYourJob::scene(), false
   ));
} else if ((isS2 && 15 <= x && x <= 15 + 216 && 320 - 232
   <= y && y <= 320-232+40) || (!isS2 && 50 <= x
   && x <= 50 + 324 && 768 - 585 - 50 <= y &&
   y <= 768 - 585 - 50 + 60)) {
   openURLJNI("http://www.facebook.com/pages/...
   ...Euro-Crisis/4181141148893114");
} else if ((isS2 && 15 <= x && x <= 15 + 216 && 320 - 272
   - 20 <= y && y <= 320 - 272 - 20 + 40) ||
   (!isS2 && 50 <= x && x <= 50 + 324 && 768 - 655 - 50
   <= y && y <= 768 - 655 - 50 + 60)) {
   openURLJNI("http://www.euro-crisis.de");
} else if (!isS2 && 800 <= x && x <= 800+307 && 768 - 396
   - 70 <= y && y <= 768 - 396 - 70 + 60) {
   CCDirector::sharedDirector()
   ->replaceScene(CCTransitionPageTurn::create(
      1.0, Achievements1::scene(), false
   ));
} else if (!isS2 && 800 <= x && x <= 800+307 && 768 - 326
   - 70 <= y && y <= 768 - 326 - 70 + 60) {
   CCDirector::sharedDirector()
   ->replaceScene(CCTransitionPageTurn::create(
      1.0, Leaderboard::scene(), false
   ));
}
}
```

11.2 Optionen auswählen

Bei den Optionen hat der Spieler die Möglichkeit, Musik- und Soundeffekte aus- und einzuschalten. Er kann auch ein Bild für den Officer wählen.

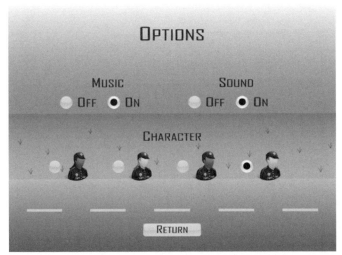

Bild 11.3:
Optionen des Spiels

Für jedes Optionsfeld gibt es drei Bilder, zum Beispiel

```
CCSprite *musicOff1;
CCSprite *musicOff2;
CCSprite *musicOffBullet;
CCSprite *musicOn1;
CCSprite *musicOn2;
CCSprite *musicOnBullet;
```

für die Optionsfelder *Off* und *On* bei der Musik.

In der Methode `init` werden die Bilder geladen. Abhängig von den Benutzereinstellungen, erscheint das Optionsfeld mit dem Punkt, wenn die Option aktiv ist, oder das nicht beleuchtete Optionsfeld, wenn die Option nicht aktiv ist.

```
musicOff1 = [CCSprite spriteWithFile:@"Option_01.png"];
musicOff2 = [CCSprite spriteWithFile:@"Option_02.png"];
musicOffBullet = [CCSprite
  spriteWithFile:@"OptionBullet_01.png"];
musicOn1 = [CCSprite spriteWithFile:@"Option_01.png"];
musicOn2 = [CCSprite spriteWithFile:@"Option_02.png"];
musicOnBullet = [CCSprite
  spriteWithFile:@"OptionBullet_01.png"];
musicOff1.anchorPoint = ccp(0, 0);
musicOff2.anchorPoint = ccp(0, 0);
```

```
musicOffBullet.anchorPoint = ccp(0, 0);
musicOn1.anchorPoint = ccp(0, 0);
musicOn2.anchorPoint = ccp(0, 0);
musicOnBullet.anchorPoint = ccp(0, 0);
if (isPhone) {
  musicOff1.position = ccp(47, 320 - 103 - 30);
  musicOff2.position = ccp(47, 320 - 103 - 30);
  musicOffBullet.position = ccp(47, 320 - 103 - 30);
  musicOn1.position = ccp(129, 320 - 103 - 30);
  musicOn2.position = ccp(129, 320 - 103 - 30);
  musicOnBullet.position = ccp(129, 320 - 103 - 30);
} else {
  musicOff1.position = ccp(162, 768 - 288 - 40);
  musicOff2.position = ccp(162, 768 - 288 - 40);
  musicOffBullet.position = ccp(162, 768 - 288 - 40);
  musicOn1.position = ccp(311, 768 - 288 - 40);
  musicOn2.position = ccp(311, 768 - 288 - 40);
  musicOnBullet.position = ccp(311, 768 - 288 - 40);
}
if ([[NSUserDefaults standardUserDefaults]
  boolForKey:@"isMusicOn"]) {
  musicOff1.zOrder = 3;
  musicOff2.zOrder = 1;
  musicOffBullet.zOrder = 1;
  musicOn1.zOrder = 1;
  musicOn2.zOrder = 1;
  musicOnBullet.zOrder = 3;
} else {
  musicOff1.zOrder = 1;
  musicOff2.zOrder = 1;
  musicOffBullet.zOrder = 3;
  musicOn1.zOrder = 3;
  musicOn2.zOrder = 1;
  musicOnBullet.zOrder = 1;
}
[self addChild:musicOff1];
[self addChild:musicOff2];
[self addChild:musicOffBullet];
[self addChild:musicOn1];
[self addChild:musicOn2];
[self addChild:musicOnBullet];
... weitere Anweisungen ...
```

Zweimal pro Sekunde wird der Zustand der nicht aktivierten Optionsfelder gewechselt.

```
[[[CCDirector sharedDirector] touchDispatcher]
  addTargetedDelegate:self priority:0 swallowsTouches:YES];
[self schedule:@selector(change:) interval:0.5];
```

Die Methode `change` schaltet die unbeleuchtete und die beleuchtete Variante des Optionsfeldes bei den nicht aktiven Optionen im Wechsel nach vorne und nach hinten. Hierdurch entsteht wie bei den Schaltflächen der Blinkeffekt.

```
-(void)change:(ccTime)dt {
  if (isOn) {
    isOn = false;
    if ([[NSUserDefaults standardUserDefaults]
      boolForKey:@"isMusicOn"]) {
      musicOff1.zOrder = 3;
      musicOff2.zOrder = 1;
    } else {
      musicOn1.zOrder = 3;
      musicOn2.zOrder = 1;
    }
    ... weitere Optionsfelder ...
  } else {
    isOn = true;
    if ([[NSUserDefaults standardUserDefaults]
      boolForKey:@"isMusicOn"]) {
      musicOff2.zOrder = 3;
      musicOff1.zOrder = 1;
    } else {
      musicOn2.zOrder = 3;
      musicOn1.zOrder = 1;
    }
    ... weitere Optionsfelder ...
  }
}
```

Die Methode `ccTouchBegan` aktiviert ein berührtes Optionsfeld.

```
-(BOOL)ccTouchBegan:(UITouch *)touch withEvent:
  (UIEvent *)event {
  CGPoint touchLocation =
    [self convertTouchToNodeSpace:touch];
  int x = touchLocation.x;
  int y = touchLocation.y;
  if ((isPhone && 47 <= x && x <= 47 + 30 && 320 - 103 - 30
    <= y && y <= 320 - 103) ||
    (!isPhone && 162 <= x && x <= 162 + 40 && 768 - 288 - 40
```

```
      <= y && y <= 768 - 288)) { // Music Off
   if ([[NSUserDefaults standardUserDefaults]
      boolForKey:@"isMusicOn"]) {
```

Wenn auf das Optionsfeld *Off* bei *Music* gedrückt wird und die Musik in den Benutzer-einstellungen eingeschaltet ist, wird die Benutzereinstellung geändert.

```
   [self playButtonSound];
   [[NSUserDefaults standardUserDefaults] setBool:false
      forKey:@"isMusicOn"];
```

Die Hintergrundmusik stoppt.

```
   [[SimpleAudioEngine sharedEngine] stopBackgroundMusic];
```

Die Schaltflächen für *On* werden geeignet eingestellt.

```
   if (isOn) {
      musicOn2.zOrder = 3;
      musicOn1.zOrder = 1;
   } else {
      musicOn1.zOrder = 3;
      musicOn2.zOrder = 1;
   }
```

Die aktivierten Optionsfelder werden getauscht.

```
   musicOnBullet.zOrder = 1;
   musicOffBullet.zOrder = 3;
```

Die beiden Bilder für das unbeleuchtete und beleuchtete Optionsfeld *Off* kommen nach hinten.

```
   musicOff1.zOrder = 1;
   musicOff2.zOrder = 1;
}
```

Genauso wird bei der Auswahl des Optionsfeldes *On* verfahren.

```
} else if ((isPhone && 129 <= x && x <= 129 + 30
   && 320 - 103 - 30 <= y && y <= 320 - 103) ||
   (!isPhone && 311 <= x && x <= 311 + 40 && 768 - 288 - 40
   <= y && y <= 768 - 288)) { // Music On
   if (![[NSUserDefaults standardUserDefaults]
      boolForKey:@"isMusicOn"]) {
      [self playButtonSound];
      [[NSUserDefaults standardUserDefaults] setBool:true
         forKey:@"isMusicOn"];
      [[SimpleAudioEngine sharedEngine]
         playBackgroundMusic:@"Start.aiff" loop:YES];
```

```
      if (isOn) {
        musicOff2.zOrder = 3;
        musicOff1.zOrder = 1;
      } else {
        musicOff1.zOrder = 3;
        musicOff2.zOrder = 1;
      }
      musicOffBullet.zOrder = 1;
      musicOnBullet.zOrder = 3;
      musicOn1.zOrder = 1;
      musicOn2.zOrder = 1;
    }
  ... weitere Anweisungen ...
  return true;
}
```

Die entsprechenden Anweisungen in der Methode `init` für Cocos2D-X sind:

```
if (isS2) {
  musicOff1 = CCSprite::create("Option_01-s2.png");
  musicOff2 = CCSprite::create("Option_02-s2.png");
  musicOffBullet = CCSprite::create(
    "OptionBullet_01-s2.png");
  musicOn1 = CCSprite::create("Option_01-s2.png");
  musicOn2 = CCSprite::create("Option_02-s2.png");
  musicOnBullet = CCSprite::create(
    "OptionBullet_01-s2.png");
} else {
  musicOff1 = CCSprite::create("Option_01-s3.png");
  musicOff2 = CCSprite::create("Option_02-s3.png");
  musicOffBullet = CCSprite::create(
    "OptionBullet_01-s3.png");
  musicOn1 = CCSprite::create("Option_01-s3.png");
  musicOn2 = CCSprite::create("Option_02-s3.png");
  musicOnBullet = CCSprite::create(
    "OptionBullet_01-s3.png");
}
musicOff1->setAnchorPoint(ccp(0, 0));
musicOff2->setAnchorPoint(ccp(0, 0));
musicOffBullet->setAnchorPoint(ccp(0, 0));
musicOn1->setAnchorPoint(ccp(0, 0));
musicOn2->setAnchorPoint(ccp(0, 0));
musicOnBullet->setAnchorPoint(ccp(0, 0));
if (isS2) {
  musicOff1->setPosition(ccp(165, 240));
  musicOff2->setPosition(ccp(165, 240 ));
```

```
  musicOffBullet->setPosition(ccp(165, 240));
  musicOn1->setPosition(ccp(282, 240));
  musicOn2->setPosition(ccp(282, 240));
  musicOnBullet->setPosition(ccp(282, 240));
} else {
  musicOff1->setPosition(ccp(165, 240));
  musicOff2->setPosition(ccp(165, 240));
  musicOffBullet->setPosition(ccp(165, 240));
  musicOn1->setPosition(ccp(282, 240));
  musicOn2->setPosition(ccp(282, 240));
  musicOnBullet->setPosition(ccp(282, 240));
}
if (CCUserDefault::sharedUserDefault()
    ->getBoolForKey("isMusicOn")) {
  reorderChild(musicOff1, 3);
  reorderChild(musicOff2, 1);
  reorderChild(musicOffBullet, 1);
  reorderChild(musicOn1, 1);
  reorderChild(musicOn2, 1);
  reorderChild(musicOnBullet, 3);
} else {
  reorderChild(musicOff1, 1);
  reorderChild(musicOff2, 1);
  reorderChild(musicOffBullet, 3);
  reorderChild(musicOn1, 3);
  reorderChild(musicOn2, 1);
  reorderChild(musicOnBullet, 1);
}
this->addChild(musicOff1, 3);
this->addChild(musicOff2, 1);
this->addChild(musicOffBullet, 1);
this->addChild(musicOn1, 1);
this->addChild(musicOn2, 1);
this->addChild(musicOnBullet, 3);
... weitere Anweisungen ...
return true;
```

Die Anweisungen in der Methode change für Cocos2D-X sind:

```
void Options::change(CCTime *dt) {
  if (isOn) {
    isOn = false;
    if (CCUserDefault::sharedUserDefault()
       ->getBoolForKey("isMusicOn")) {
      reorderChild(musicOff1, 3);
      reorderChild(musicOff2, 1);
```

```
  } else {
    reorderChild(musicOn1, 3);
    reorderChild(musicOn2, 1);
  }
  ... weitere Optionsfelder ...
} else {
  isOn = true;
  if (CCUserDefault::sharedUserDefault()
    ->getBoolForKey("isMusicOn")) {
    reorderChild(musicOff2, 3);
    reorderChild(musicOff1, 1);
  } else {
    reorderChild(musicOn2, 3);
    reorderChild(musicOn1, 1);
  }
  ... weitere Optionsfelder ...
}
}
```

Die Anweisungen in der Methode `ccTouchBegan` für Cocos2D-X sind:

```
bool Options::ccTouchBegan(CCTouch* touch, CCEvent* event) {
  CCPoint touchLocation = this
    ->convertTouchToNodeSpace(touch);
  int x = touchLocation.x;
  int y = touchLocation.y;
  if ((isS2 && 130 <= x && x <= 130 + 40
    && 280  <= y && y <= 280 + 40)
    ||(!isS2 && 300 <= x && x <= 300 + 60
    && 965 <= y && y <= 965 + 60)) {
    if (CCUserDefault::sharedUserDefault()
      ->getBoolForKey("isMusicOn")) {
      playButtonSound();
      CCUserDefault::sharedUserDefault()
        ->setBoolForKey("isMusicOn", false);
      SimpleAudioEngine::sharedEngine()
        ->stopBackgroundMusic();
      if (isOn) {
        this->reorderChild(musicOn2, 3);
        this->reorderChild(musicOn1, 1);
      } else {
        this->reorderChild(musicOn1, 3);
        this->reorderChild(musicOn2, 1);
      }
      this->reorderChild(musicOnBullet, 1);
      this->reorderChild(musicOffBullet, 3);
```

```
        this->reorderChild(musicOff1, 1);
        this->reorderChild(musicOff2, 1);
    }
} else if ((isS2 && 250 <= x && x <= 250 + 40
  && 280 <= y && y <= 280 + 40) ||
  (!isS2 && 440 <= x && x <= 440 + 60
  && 965 <= y && y <= 965 + 60)) {
  if (!CCUserDefault::sharedUserDefault()
    ->getBoolForKey("isMusicOn")) {
    playButtonSound();
    CCUserDefault::sharedUserDefault()
      ->setBoolForKey("isMusicOn", true);
    SimpleAudioEngine::sharedEngine()
      ->playBackgroundMusic("Start.wav", true);
    if (isOn) {
      this->reorderChild(musicOff2, 3);
      this->reorderChild(musicOff1, 1);
    } else {
      this->reorderChild(musicOff1, 3);
      this->reorderChild(musicOff2, 1);
    }
    this->reorderChild(musicOffBullet, 1);
    this->reorderChild(musicOnBullet, 3);
    this->reorderChild(musicOn2, 3);
    this->reorderChild(musicOn1, 1);
  }
}
... weitere Anweisungen ...
return true;
}
```

12 Bestenlisten speichern

In diesem Kapitel behandeln wir:

- die Erstellung eines lokalen Highscores
- die Verarbeitung von Achievements
- die Integration des Game Center für iOS

12.1 Spielerdaten lokal speichern

Sobald der Officer kein Geld mehr hat oder von einer Kugel eines Feindes getroffen wurde, müssen wir die erreichten Spielstände für *Money*, *GameTime* und *InflationTime* in den Bestenlisten speichern.

LEADERBOARD

	MONEY		GAME TIME		INFLATION TIME	
1.	MAX	12570	SARAH	231.2	MAX	178.5
2.	ROBBY	7979	MAX	221.0	ROBBY	66.4
3.	SARAH	4099	ROBBY	212.9	SARAH	61.2
4.	KEVIN	524	KEVIN	41.1	----------	0.0
5.	----------	0	----------	0.0	----------	0.0
6.	----------	0	----------	0.0	----------	0.0
7.	----------	0	----------	0.0	----------	0.0
8.	----------	0	----------	0.0	----------	0.0
9.	----------	0	----------	0.0	----------	0.0
10.	----------	0	----------	0.0	----------	0.0

RETURN   GAME CENTER

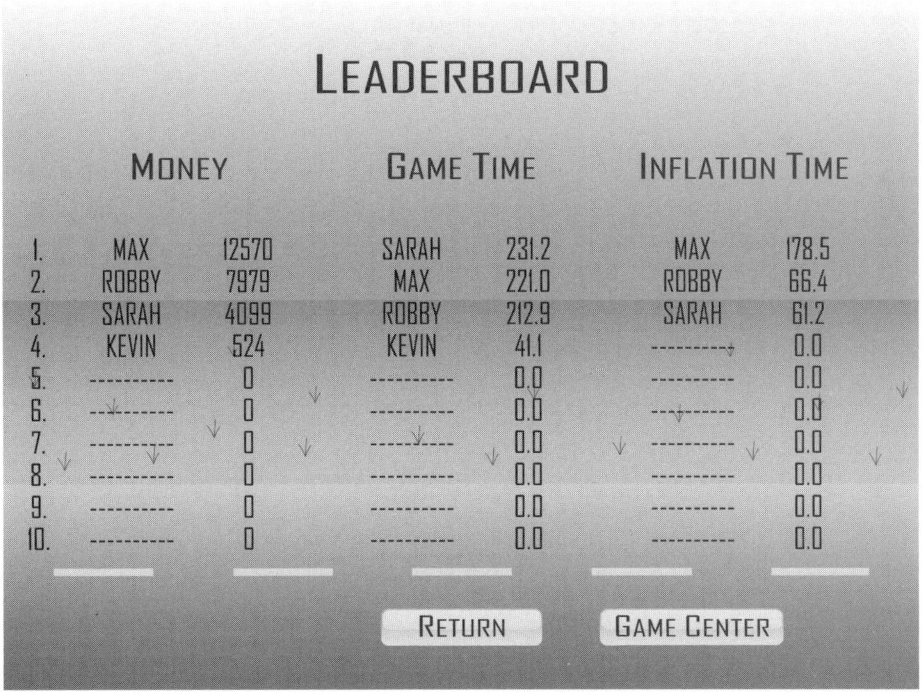

Bild 12.1: Highscore mit drei Bestenlisten

In der Klasse `AppDelegate` richten wir mit den Zeilen

```
if ([defaults objectForKey:@"nickname"] == nil) {
  [defaults setObject:@"" forKey:@"nickname"];
}
```

die Benutzereinstellung `nickname` für den Spitznamen des Spielers ein, der automatisch in der Szene zur Speicherung der Spielstände erscheint. Solange der Spieler nicht wechselt, ist der richtige Name voreingestellt.

Für die Bestenlisten sind sechs Arrays notwendig. Die Benutzereinstellungen `L0101_1`, `L0102_1` und `L0103_1` enthalten jeweils zehn Spitznamen für *Money*, *GameTime* und *InflationTime* für die Plätze 1 bis 10.

```
NSArray *leaderboard = [NSArray arrayWithObjects:@"L0101_1",
  @"L0102_1", @"L0103_1", nil];
for (NSString *element in leaderboard) {
  if ([[NSUserDefaults standardUserDefaults]
    objectForKey:element] == nil) {
    NSMutableArray *array = [NSMutableArray arrayWithObjects:
      nil];
    for (int i = 1; i <= 10; i++) {
      [array addObject:@"----------"];
    }
    [defaults setObject:array forKey:element];
  }
}
```

Jede Namensliste enthält zunächst zehn Zeichenfolgen, die aus zehn Bindestrichen besteht. Wichtig ist, dass diese Listen zwar Objekte des Typs `NSMutableArray` sind, aber bei der Speicherung als Benutzereinstellung unveränderbar werden. Beim Hinzufügen und Löschen von Daten in solchen Listen entstehen Fehlermeldungen. Die Arrays lassen sich nur vollständig durch Arrays mit neuen Daten ersetzen.

Die Benutzereinstellungen `L0101_2`, `L0102_2` und `L0103_2` enthalten jeweils zehn Zahlen für *Money*, *GameTime* und *InflationTime* für die Plätze 1 bis 10.

```
leaderboard = [NSArray arrayWithObjects:@"L0101_2",
  @"L0102_2", @"L0103_2", nil];
for (NSString *element in leaderboard) {
  if ([[NSUserDefaults standardUserDefaults]
    objectForKey:element] == nil) {
    NSMutableArray *array = [NSMutableArray arrayWithObjects:
      nil];
    for (int i = 1; i <= 10; i++) {
      NSNumber *number = [NSNumber numberWithInt:0];
      [array addObject:number];
    }
```

```
    [defaults setObject:array forKey:element];
  }
}
```

Auch hier gilt wieder, dass die Arrays unveränderbar werden, sobald sie als Benutzereinstellung gespeichert sind.

Am Ende eines Spiels werden die Anweisungen

```
if (isPhone) {
  [self runAction:[CCSequence actions:[CCDelayTime
    actionWithDuration:6.0],
  [CCCallFuncN actionWithTarget:self
    selector:@selector(showMenuScene:)], nil]];
} else {
  [self runAction:[CCSequence actions:[CCDelayTime
    actionWithDuration:6.0],
  [CCCallFuncN actionWithTarget:self
    selector:@selector(showKeyboardScene:)], nil]];
}
```

in der Klasse DoYourJobLayer ausgeführt. Beim iPhone erscheint nach einer Verzögerung von sechs Sekunden das Menü, weil hier aufgrund der Größe kein lokaler Highscore verfügbar ist. Beim iPad geht es nach sechs Sekunden mit der Szene zur Eingabe des Spitznamens weiter.

```
-(void)showMenuScene:(id)sender {
  [[CCDirector sharedDirector] replaceScene:
  [CCTransitionPageTurn transitionWithDuration:1
    scene:[MenuScene node] backwards:true]];
}

-(void)showKeyboardScene:(id)sender {
  [[CCDirector sharedDirector] replaceScene:[KeyboardScene
    node]];
}
```

Bei Cocos2D-X gibt es das Problem, dass in den Benutzereinstellungen keine Objekte gespeichert werden können. Somit lassen sich Bestenlisten nicht mithilfe von Arrays erzeugen.

Wir nehmen als Schlüssel für die Bestenliste *Money* die Zeichenfolgen ms_<index> (money string mit den Indexen von 1 bis 10) und mn_<index> (money number mit den Indexen von 1 bis 10). Entsprechend geschieht dies für die Bestenliste *GameTime* (gs_<index> und gn_<index>) und *inflationTime* (is_<index> und in_<index>).

Insgesamt entstehen 60 Benutzereinstellungen mit zehn Bindestrichen für den Spitznamen und einer 0 für den Zählerstand, falls der Platz noch nicht belegt ist.

Die Einrichtung dieser Einstellungen geschieht in der Klasse `AppDelegate` mit den Zeilen:

```
CCUserDefault* defaults =
  CCUserDefault::sharedUserDefault();
defaults->setStringForKey("ms_1", "----------");
defaults->setStringForKey("ms_2", "----------");
defaults->setStringForKey("ms_3", "----------");
defaults->setStringForKey("ms_4", "----------");
defaults->setStringForKey("ms_5", "----------");
defaults->setStringForKey("ms_6", "----------");
defaults->setStringForKey("ms_7", "----------");
defaults->setStringForKey("ms_8", "----------");
defaults->setStringForKey("ms_9", "----------");
defaults->setStringForKey("ms_10", "----------");
defaults->setIntegerForKey("mn_1", 0);
defaults->setIntegerForKey("mn_2", 0);
defaults->setIntegerForKey("mn_3", 0);
defaults->setIntegerForKey("mn_4", 0);
defaults->setIntegerForKey("mn_5", 0);
defaults->setIntegerForKey("mn_6", 0);
defaults->setIntegerForKey("mn_7", 0);
defaults->setIntegerForKey("mn_8", 0);
defaults->setIntegerForKey("mn_9", 0);
defaults->setIntegerForKey("mn_10", 0);
defaults->setStringForKey("gs_1", "----------");
defaults->setStringForKey("gs_2", "----------");
defaults->setStringForKey("gs_3", "----------");
defaults->setStringForKey("gs_4", "----------");
defaults->setStringForKey("gs_5", "----------");
defaults->setStringForKey("gs_6", "----------");
defaults->setStringForKey("gs_7", "----------");
defaults->setStringForKey("gs_8", "----------");
defaults->setStringForKey("gs_9", "----------");
defaults->setStringForKey("gs_10", "----------");
defaults->setIntegerForKey("gn_1", 0);
defaults->setIntegerForKey("gn_2", 0);
defaults->setIntegerForKey("gn_3", 0);
defaults->setIntegerForKey("gn_4", 0);
defaults->setIntegerForKey("gn_5", 0);
defaults->setIntegerForKey("gn_6", 0);
defaults->setIntegerForKey("gn_7", 0);
defaults->setIntegerForKey("gn_8", 0);
defaults->setIntegerForKey("gn_9", 0);
defaults->setIntegerForKey("gn_10", 0);
defaults->setStringForKey("is_1", "----------");
```

```
defaults->setStringForKey("is_2", "----------");
defaults->setStringForKey("is_3", "----------");
defaults->setStringForKey("is_4", "----------");
defaults->setStringForKey("is_5", "----------");
defaults->setStringForKey("is_6", "----------");
defaults->setStringForKey("is_7", "----------");
defaults->setStringForKey("is_8", "----------");
defaults->setStringForKey("is_9", "----------");
defaults->setStringForKey("is_10", "----------");
defaults->setIntegerForKey("in_1", 0);
defaults->setIntegerForKey("in_2", 0);
defaults->setIntegerForKey("in_3", 0);
defaults->setIntegerForKey("in_4", 0);
defaults->setIntegerForKey("in_5", 0);
defaults->setIntegerForKey("in_6", 0);
defaults->setIntegerForKey("in_7", 0);
defaults->setIntegerForKey("in_8", 0);
defaults->setIntegerForKey("in_9", 0);
defaults->setIntegerForKey("in_10", 0);
```

Die Anweisungen für Cocos2D-X am Ende des Spiels sind:

```
if (isS2) {
  runAction(CCSequence::create(CCDelayTime::create(6.0),
    CCCallFuncN::create(this,
    callfuncN_selector(DoYourJob::showMenuScene)), NULL));
} else {
  runAction(CCSequence::create(CCDelayTime::create(6.0),
    CCCallFuncN::create(this,
    callfuncN_selector(DoYourJob::showKeyboardScene)), NULL));
}
```

Die Methode `showMenuScene` führt zum Hauptmenü und die Methode `showKeyboardScene` zur Tastatur.

```
void DoYourJob::showMenuScene(CCNode *sender) {
  CCDirector::sharedDirector()
    ->replaceScene(CCTransitionPageTurn::create(1,
    Menu::scene(), NULL));
}

void DoYourJob::showKeyboardScene(CCNode *sender) {
  CCDirector::sharedDirector()
    ->replaceScene(Keyboard::scene());
}
```

Die Szene zur Tastatureingabe ist wie üblich eingerichtet. Die Klasse `KeyboardLayer` enthält einige Variablen.

- `isOn`: Die Variable gibt an, ob die Schaltflächen leuchten.
- `isKeysOn`: Die Variable gibt an, ob die Tasten mit Ziffern und Buchstaben aktiviert sind.
- `isDeleteOn`: Die Variable gibt an, ob die Taste *Delete* zum Löschen des Spitznamens aktiviert ist.
- `isSaveOn`: Die Variable gibt an, ob die Taste *Save* zum Speichern der Spielerstände aktiviert ist.

Zusätzlich gibt es noch einige Variablen für die Sprites der Schaltflächen, um sie für den Blinkeffekt vor und hinter das Hintergrundbild der Spielszene zu schalten, und ein `CCLabelBMFont` für den Spitznamen.

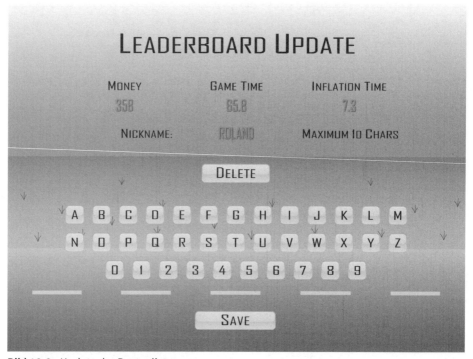

Bild 12.2: Update der Bestenliste

Der Quellcode ist:

```
#import "cocos2d.h"

@interface KeyboardLayer : CCLayer {

    bool isOn;
```

```
    bool isKeysOn;

    bool isDeleteOn;

    bool isSaveOn;

    CCSprite *delete1;
    CCSprite *delete2;
    CCSprite *keys1;
    CCSprite *keys2;
    CCSprite *save1;
    CCSprite *save2;

    CCLabelBMFont *nicknameLabel;

}
@end
```

Die Methode `init` richtet die Ebene mit den blinkenden Schaltflächen ein.

```
-(id)init {
  self = [super init];
  if (self != nil) {
    CCSprite *background = [CCSprite
      spriteWithFile:@"KeyboardScene.png"];
    background.anchorPoint = ccp(0, 0);
    background.position = ccp(0, 0);
    background.zOrder = 2;
    [self addChild:background];
    isOn = false;
```

Die Schaltflächen für *Delete* kommen hinzu.

```
    delete1 = [CCSprite spriteWithFile:@"Delete_01.png"];
    delete1.anchorPoint = ccp(0, 0);
    delete1.position = ccp(436, 768 - 360 - 40);
    delete2 = [CCSprite spriteWithFile:@"Delete_02.png"];
    delete2.anchorPoint = ccp(0, 0);
    delete2.position = ccp(436, 768 - 360 - 40);
    if ([[[NSUserDefaults standardUserDefaults]
      objectForKey:@"nickname"] isEqualToString:@""]) {
      isDeleteOn = false;
    } else {
      isDeleteOn = true;
    }
    delete1.zOrder = 3;
    delete2.zOrder = 1;
    [self addChild:delete1];
    [self addChild:delete2];
```

Die Tastaturen kommen hinzu.

```
keys1 = [CCSprite spriteWithFile:@"Keys_01.png"];
keys1.anchorPoint = ccp(0, 0);
keys1.position = ccp(132, 768 - 450 - 160);
keys2 = [CCSprite spriteWithFile:@"Keys_02.png"];
keys2.anchorPoint = ccp(0, 0);
keys2.position = ccp(132, 768 - 450 - 160);
```

Wenn der gespeicherte Spitzname aus zehn Zeichen besteht, wird die Tastatur aktiviert. Andernfalls bleibt sie deaktiviert, weil kein weiteres Zeichen eingegeben werden darf.

```
if ([[[NSUserDefaults standardUserDefaults]
    objectForKey:@"nickname"] length] == 10) {
  isKeysOn = false;
} else {
  isKeysOn = true;
}
keys1.zOrder = 3;
keys2.zOrder = 1;
[self addChild:keys1];
[self addChild:keys2];
```

Die Schaltflächen für *Save* kommen hinzu. Wenn kein Spitzname voreingestellt ist, ist die Schaltfläche deaktiviert.

```
save1 = [CCSprite spriteWithFile:@"Save_01.png"];
save1.anchorPoint = ccp(0, 0);
save1.position = ccp(422, 768 - 680 - 40);
save2 = [CCSprite spriteWithFile:@"Save_02.png"];
save2.anchorPoint = ccp(0, 0);
save2.position = ccp(422, 768 - 680 - 40);
if ([[[NSUserDefaults standardUserDefaults]
    objectForKey:@"nickname"] isEqualToString:@""]) {
  isSaveOn = false;
} else {
  isSaveOn = true;
}
save1.zOrder = 3;
save2.zOrder = 1;
[self addChild:save1];
[self addChild:save2];
```

Das Etikett mit dem Spitznamen des Spielers erscheint.

```
nicknameLabel = [CCLabelBMFont
    labelWithString:[[NSUserDefaults standardUserDefaults]
    objectForKey:@"nickname"] fntFile:@"Agency_02.fnt"];
```

```
nicknameLabel.position = ccp(512, 476);
nicknameLabel.zOrder = 3;
[self addChild:nicknameLabel];
```

Die drei Zahlen für die Spielstände werden angezeigt.

```
NSString *string;
CCLabelBMFont *label;
string = [NSString stringWithFormat:@"%d",
  [[[NSUserDefaults standardUserDefaults]
  objectForKey:@"money"] intValue]];
label = [CCLabelBMFont labelWithString:string
  fntFile:@"Agency_02.fnt"];
label.position = ccp(262, 536);
label.zOrder = 3;
[self addChild:label];
int gameTime = [[[NSUserDefaults standardUserDefaults]
  objectForKey:@"gameTime"] intValue];
if (gameTime <= 9) {
  string = [@"0." stringByAppendingString:[NSString
    stringWithFormat:@"%d", gameTime % 10]];
} else {
  string = [[NSString stringWithFormat:@"%d", gameTime
    / 10] stringByAppendingString:[@"."
    stringByAppendingString: [NSString
    stringWithFormat:@"%d", gameTime % 10]]];
}
label = [CCLabelBMFont labelWithString:string
  fntFile:@"Agency_02.fnt"];
label.position = ccp(512, 536);
label.zOrder = 3;
[self addChild:label];
int inflationTime = [[[NSUserDefaults
  standardUserDefaults] objectForKey:@"inflationTime"]
  intValue];
if (inflationTime <= 9) {
  string = [@"0." stringByAppendingString:[NSString
    stringWithFormat:@"%d", inflationTime % 10]];
} else {
  string = [[NSString stringWithFormat:@"%d",
    inflationTime / 10] stringByAppendingString:[@"."
    stringByAppendingString: [NSString
    stringWithFormat:@"%d", inflationTime % 10]]];
}
label = [CCLabelBMFont labelWithString:string
  fntFile:@"Agency_02.fnt"];
```

```
label.position = ccp(762, 536);
label.zOrder = 3;
[self addChild:label];
```

Der Bildschirm wird berührungsempfindlich gemacht.

```
[[[CCDirector sharedDirector] touchDispatcher]
   addTargetedDelegate:self priority:0
   swallowsTouches:YES];
   [self schedule:@selector(change:) interval:0.5];
}
return self;
}
```

Die Methode change schaltet abhängig von den Variablen isOn, isDeleteOn, isKeysOn
und isSaveOn die entsprechenden Tasten durch Änderung ihrer zOrder-Werte ein oder
aus.

```
-(void)change:(ccTime)dt {
  if (isOn) {
    isOn = false;
    delete1.zOrder = 3;
    delete2.zOrder = 1;
    keys1.zOrder = 3;
    keys2.zOrder = 1;
    save1.zOrder = 3;
    save2.zOrder = 1;
  } else {
    isOn = true;
    if (isDeleteOn) {
      delete2.zOrder = 3;
      delete1.zOrder = 1;
    }
    if (isKeysOn) {
      keys2.zOrder = 3;
      keys1.zOrder = 1;
    }
    if (isSaveOn) {
      save2.zOrder = 3;
      save1.zOrder = 1;
    }
  }
}
```

Die Methode `ccTouchBegan` reagiert auf Touch-Ereignisse.

```
-(BOOL)ccTouchBegan:(UITouch *)touch withEvent:
   (UIEvent *)event {
  CGPoint touchLocation = [self
    convertTouchToNodeSpace:touch];
  int x = touchLocation.x;
  int y = touchLocation.y;
```

Wenn der Spieler auf *Save* drückt, werden die Spielstände unter dem Benutzernamen gespeichert.

```
  if (isSaveOn && 422 <= x && x <= 422 + 180
    && 768 - 680 - 40 <= y && y <= 768 - 680) { // Save
    [self playButtonSound];
```

Der eingestellte Spitzname wird als Benutzereinstellung gespeichert.

```
    [[NSUserDefaults standardUserDefaults]
      setObject:[nicknameLabel string] forKey:@"nickname"];
```

Weil die Arrays in den Benutzereinstellungen unveränderbar sind, stellen wir Kopien her.

```
    NSMutableArray *array;
    int newMoney = [[[NSUserDefaults standardUserDefaults]
      objectForKey:@"money"] intValue];
    array = [[[NSUserDefaults standardUserDefaults]
      objectForKey:@"L0101_2"] mutableCopy];
```

Wir durchlaufen die einzelnen Zahlen, bis wir auf einen niedrigeren Kontostand treffen.

```
    for (int i = 0; i <= 9; i++) {
      int oldMoney = [[array objectAtIndex:i] intValue];
      if (newMoney > oldMoney) {
```

Beim ersten niedrigeren Kontostand fügen wir den aktuellen hinzu und löschen den letzten Kontostand, damit die Liste wieder zehn Kontostände hat. Anschließend speichern wir die Liste wieder in den Benutzereinstellungen.

```
        [array insertObject:[NSNumber numberWithInt:newMoney]
          atIndex:i];
        [array removeLastObject];
        [[NSUserDefaults standardUserDefaults] setObject:array
          forKey:@"L0101_2"];
```

An der gleichen Stelle fügen wir im Array mit den Spitznamen den aktuellen Namen ein und löschen den letzten Namen. Die Schleife bricht ab, weil der Kontostand einsortiert wurde.

```objc
array = [[[NSUserDefaults standardUserDefaults]
    objectForKey:@"L0101_1"] mutableCopy];
[array insertObject:[nicknameLabel string] atIndex:i];
[array removeLastObject];
[[NSUserDefaults standardUserDefaults] setObject:array
    forKey:@"L0101_1"];
break;
    }
}
```

Der gleiche Vorgang läuft mit den Ständen für `gameTime` und `inflationTime` ab.

```objc
int newGameTime = [[[NSUserDefaults standardUserDefaults]
    objectForKey:@"gameTime"] intValue];
array = [[[NSUserDefaults standardUserDefaults]
    objectForKey:@"L0102_2"] mutableCopy];
for (int i = 0; i <= 9; i++) {
    int oldGameTime = [[array objectAtIndex:i] intValue];
    if (newGameTime > oldGameTime) {
        [array insertObject:[NSNumber
            numberWithInt:newGameTime] atIndex:i];
        [array removeLastObject];
        [[NSUserDefaults standardUserDefaults] setObject:array
            forKey:@"L0102_2"];
        array = [[[NSUserDefaults standardUserDefaults]
            objectForKey:@"L0102_1"] mutableCopy];
        [array insertObject:[nicknameLabel string] atIndex:i];
        [array removeLastObject];
        [[NSUserDefaults standardUserDefaults] setObject:array
            forKey:@"L0102_1"];
        break;
    }
}
int newInflationTime = [[[NSUserDefaults
    standardUserDefaults] objectForKey:@"inflationTime"]
    intValue];
array = [[[NSUserDefaults standardUserDefaults]
    objectForKey:@"L0103_2"] mutableCopy];
for (int i = 0; i <= 9; i++) {
    int oldInflationTime = [[array objectAtIndex:i]
        intValue];
    if (newInflationTime > oldInflationTime) {
```

```
    [array insertObject:[NSNumber
      numberWithInt:newInflationTime] atIndex:i];
    [array removeLastObject];
    [[NSUserDefaults standardUserDefaults] setObject:array
      forKey:@"L0103_2"];
    array = [[[NSUserDefaults standardUserDefaults]
      objectForKey:@"L0103_1"] mutableCopy];
    [array insertObject:[nicknameLabel string] atIndex:i];
    [array removeLastObject];
    [[NSUserDefaults standardUserDefaults] setObject:array
      forKey:@"L0103_1"];
    break;
  }
}
```

Nach dem Speichern der Daten geht es mit dem Menü weiter.

```
[[CCDirector sharedDirector] replaceScene:
  [CCTransitionPageTurn transitionWithDuration:1
  scene:[MenuScene node] backwards:true]];
```

Beim Drücken der Schaltfläche *Delete* wird der Spitzname gelöscht. Die Schaltflächen *Delete* und *Save* werden deaktiviert und die Schaltflächen der Tastatur aktiviert.

```
} else if (isDeleteOn && 436 <= x && x <= 436 + 152
  && 768 - 360 - 40 <= y && y <= 768 - 360) { // Delete
  [self playButtonSound];
  isDeleteOn = false;
  isSaveOn = false;
  isKeysOn = true;
  [nicknameLabel setString:@""];
```

Beim Drücken einer Schaltfläche der Tastatur erscheint das Zeichen hinter dem Spitznamen.

```
} else if (isKeysOn && 131 <= x && x <= 171 && 768 - 490
  <= y && y <= 768 - 450) { // A
  [self playButtonSound];
  [nicknameLabel setString:[[nicknameLabel string]
    stringByAppendingString:@"A"]];
  [self keyUpdate];
} else if (isKeysOn && 191 <= x && x <= 231 && 768 - 490
  <= y && y <= 768 - 450) { // B
  [self playButtonSound];
  [nicknameLabel setString:[[nicknameLabel string]
    stringByAppendingString:@"B"]];
  [self keyUpdate];
} else if (isKeysOn && 251 <= x && x <= 291 && 768 - 490
```

```
   <= y && y <= 768 - 450) { // C
   ... weitere Tasten ...
 }
 return true;
}
```

Die Methode `keyUpdate` aktiviert oder deaktiviert die Schaltflächen für die Tastatur, *Delete* und *Save* abhängig davon, ob der Spitzname bereits die maximale Anzahl von zehn Zeichen erreicht hat oder nicht.

```
-(void)keyUpdate {
 if ([[nicknameLabel string] length] == 10) {
   isKeysOn = false;
 } else {
   isDeleteOn = true;
   isSaveOn = true;
 }
}
```

Die entsprechenden Anweisungen für Cocos2D-X in der Methode `init` sind:

```
isOn = false;
CCSprite* background = CCSprite::create(
  "KeyboardScene-s3.png");
background->setAnchorPoint(ccp(0, 0));
background->setPosition(ccp(0, 0));
this->addChild(background, 2);
delete1 = CCSprite::create("Delete_01-s3.png");
delete1->setAnchorPoint(ccp(0, 0));
delete1->setPosition(ccp(570, 720 - 370 ));
delete2 = CCSprite::create("Delete_02-s3.png");
delete2->setAnchorPoint(ccp(0, 0));
delete2->setPosition(ccp(570, 720 - 370));
if (strcmp(CCUserDefault::sharedUserDefault()
  ->getStringForKey("nickname").c_str(), "") == 0) {
  isDeleteOn = false;
} else {
  isDeleteOn = true;
}
addChild(delete1, 3);
addChild(delete2, 1);
keys1 = CCSprite::create("Keys_01-s3.png");
keys1->setAnchorPoint(ccp(0,0));
keys1->setPosition(ccp(290, 768 - 450 - 160));
keys2 = CCSprite::create("Keys_02-s3.png");
keys2->setAnchorPoint(ccp(0,0));
keys2->setPosition(ccp(290, 768 - 450 - 160));
```

```
if (strlen(CCUserDefault::sharedUserDefault()
  ->getStringForKey("nickname").c_str()) == 10) {
  isKeysOn = false;
} else {
  isKeysOn = true;
}
addChild(keys1, 3);
addChild(keys2, 1);
save1 = CCSprite::create("Save_01-s3.png");
save1->setAnchorPoint(ccp(0, 0));
save1->setPosition(ccp(600 - 50, 720 - 678));
save2 = CCSprite::create("Save_02-s3.png");
save2->setAnchorPoint(ccp(0, 0));
save2->setPosition(ccp(600 - 50, 720 - 678));
if (strcmp(CCUserDefault::sharedUserDefault()
  ->getStringForKey("nickname").c_str(), "") == 0) {
  isSaveOn = false;
} else {
  isSaveOn = true;
}
addChild(save1, 3);
addChild(save2, 1);
nicknameLabel = CCLabelBMFont::create(
  CCUserDefault::sharedUserDefault()
  ->getStringForKey("nickname").c_str(), "Agency_02.fnt");
nicknameLabel->setPosition(600, 720 - 275);
addChild(nicknameLabel, 3);
std::string string;
CCLabelBMFont *label;
string.append(floatToStr_(
  CCUserDefault::sharedUserDefault()
  ->getIntegerForKey("money")));
label = CCLabelBMFont::create(string.c_str(),
  "Agency_02.fnt");
label->setPosition(ccp(387 + 5, 720 - 220));
addChild(label, 3);
int gameTime = CCUserDefault::sharedUserDefault()
  ->getIntegerForKey("gameTime");
if (gameTime <= 9) {
  string = "0.0";
  string.append(floatToStr_(gameTime % 10));
} else {
  string.append(floatToStr_(gameTime / 10));
  string.append(".");
  string.append(floatToStr_(gameTime % 10));
```

```
}
label = CCLabelBMFont::create(string.c_str(),
  "Agency_02.fnt");
label->setPosition(ccp(615+15, 720 - 220));
addChild(label, 3);
int inflationTime = CCUserDefault::sharedUserDefault()
  ->getIntegerForKey("inflationTime");
if (inflationTime <= 9) {
  string = "0.0";
  string.append(floatToStr_(inflationTime % 10));
} else {
  string.append(floatToStr_(inflationTime / 10));
  string.append(".");
  string.append(floatToStr_(inflationTime % 10));
}
label = CCLabelBMFont::create(string.c_str(),
  "Agency_02.fnt");
label->setPosition(ccp(835 + 35, 720 - 220));
addChild(label, 3);
CCDirector::sharedDirector()->getTouchDispatcher()
  ->addTargetedDelegate(this, 1, true);
this->schedule(schedule_selector(Keyboard::change), 0.5);
```

Die Anweisungen für Cocos2D-X in der Methode change sind:

```
if (isOn) {
  isOn = false;
  reorderChild(delete1, 3);
  reorderChild(delete2, 1);
  reorderChild(keys1, 3);
  reorderChild(keys2, 1);
  reorderChild(save1, 3);
  reorderChild(save2, 1);
} else {
  isOn = true;
  if (isDeleteOn) {
    reorderChild(delete2, 3);
    reorderChild(delete1, 1);
  }
  if (isKeysOn) {
    reorderChild(keys2, 3);
    reorderChild(keys1, 1);
  }
```

```
if (isSaveOn) {
  reorderChild(save2, 3);
  reorderChild(save1, 1);
}
}
```

Die Anweisungen für Cocos2D-X in der Methode `ccTouchBegan` sind:

```
CCPoint touchLocation = convertTouchToNodeSpace(touch);
int x = touchLocation.x;
int y = touchLocation.y;
if (isSaveOn && 600 <= x && x <= 600 + 180 && 768 - 680 - 40
  <= y && y <= 768 - 680) {
  CCUserDefault::sharedUserDefault()
    ->setStringForKey("nickname", nicknameLabel->getString());
  playButtonSound();
```

Wir benötigen ein Array mit zehn Zeichenfolgen und ein Array mit zehn Nummern für jede Bestenliste.

```
std::string* playerMoneyStrings = new std::string[10];
int* playerMoneyNumbers = new int[10];
std::string prefix("ms_");
for (int i = 0; i <= 9; i++) {
  prefix.append(floatToStr_(i + 1));
  playerMoneyStrings[i] = CCUserDefault::sharedUserDefault()
    ->getStringForKey(prefix.c_str());
}
prefix = "mn_";
for (int i = 0; i <= 9; i++) {
  prefix.append(floatToStr_(i + 1));
  playerMoneyStrings[i] = CCUserDefault::sharedUserDefault()
    ->getStringForKey(prefix.c_str());
}
```

Der aktuelle Kontostand wird ermittelt, mit den Kontoständen in der Bestenliste verglichen und an der richtigen Stelle einsortiert.

```
int newMoney = CCUserDefault::sharedUserDefault()
  ->getIntegerForKey("money");
for (int i = 0; i <= 9; i++) {
  int oldMoney = playerMoneyNumbers[i];
  int savePosition = i + 1;
  if (newMoney > oldMoney) {
    std::string prefix("ms_");
    prefix.append(floatToStr_(savePosition));
    CCUserDefault::sharedUserDefault()
      ->setStringForKey(prefix.c_str(), nicknameLabel
```

```
        ->getString());
    prefix = "mn_";
    prefix.append(floatToStr_(savePosition));
    CCUserDefault::sharedUserDefault()
      ->setIntegerForKey(prefix.c_str(), newMoney);
    for (int j = i + 1; j <= 9 - i; j++) {
      prefix = "ms_";
      prefix.append(floatToStr_(j + 1));
      CCUserDefault::sharedUserDefault()
        ->setStringForKey(prefix.c_str(),
          playerMoneyStrings[j]);
    }
    for(int j = i + 1; j <= 9 - i; j++) {
      prefix = "mn_";
      prefix.append(floatToStr_(j + 1));
      CCUserDefault::sharedUserDefault()
      ->setIntegerForKey(prefix.c_str(),
        playerMoneyNumbers[j]);
    }
    break;
  }
}
... ähnliche Anweisungen für die weiteren Bestenlisten ...
CCDirector::sharedDirector()->replaceScene(
  CCTransitionPageTurn::create(1, Menu::scene(), true));
} else if (isDeleteOn && 570 <= x && x <= 570 + 152
&& 768 - 360 - 40 <= y && y <= 768 - 360) {
playButtonSound();
isDeleteOn = false;
isSaveOn = false;
isKeysOn = true;
nicknameLabel->setString("");
keyUpdate();
} else if (isKeysOn && 131 + 158 <= x && x <= 158 + 171
&& 768 - 490 <= y && y <= 768 - 450) { // A
playButtonSound();
std::string newString(nicknameLabel->getString());
newString.append("A");
nicknameLabel->setString(newString.c_str());
keyUpdate();
} else if (isKeysOn && 191 + 158 <= x && x <= 158 + 231
&& 768 - 490 <= y && y <= 768 - 450) { // B
playButtonSound();
std::string newString(nicknameLabel->getString());
newString.append("B");
```

```
nicknameLabel->setString(newString.c_str());
keyUpdate();
} else if (isKeysOn && 251 + 158 <= x && x <= 291 + 158
&& 768 - 490 <= y && y <= 768 - 450) { // C
... weitere Tasten ...
}
```

12.2 Mit dem Game Center umgehen

Neben einer lokalen Speicherung können Bestenlisten und Erfolge auch ins Game Center von iOS hochgeladen werden. Hierdurch sind die Daten auch global unter allen Spielern der Welt vergleichbar.

12.2.1 Einen Spieler authentifizieren

Das Game Center ist ab Version 5 des iOS in den Templates für Cocos2D automatisch aktiviert. Die Zeile

```
#import <GameKit/GameKit.h>
```

sorgt dafür, dass das GameKit innerhalb der Klasse bekannt ist.

Um den Inhaber des Geräts beim Game Center anzumelden, fügen wir die Zeilen

```
GKLocalPlayer *localPlayer = [GKLocalPlayer localPlayer];
[localPlayer authenticateWithCompletionHandler:
  ^(NSError *error) {
  if (localPlayer.isAuthenticated) {
    // code
  }
}];
```

in die Klasse AppDelegate ein. Wenn das Spiel neu startet oder nach einer Pause weitergespielt wird, wird der Inhaber automatisch beim Game Center angemeldet, sodass wir Bestenlisten und Erfolge übertragen können.

Solange die App nicht in den Store hochgeladen und von dort aus auf dem Gerät installiert wurde, läuft sie in einer speziellen Sandbox, um die Spielstände und Erfolge des richtigen Spiels und des Testspiels während der Entwicklung der App zu trennen.

12.2.2 Bestenlisten und Erfolge hochladen

Am Ende der Methode `stopGame` in der Klasse `DoYourJobLayer` stehen die Anweisungen

```
GKScore *score;
if (newMoney >= 0) {
  score = [[[GKScore alloc] initWithCategory:@"L0101"]
    autorelease];
  score.value = newMoney;
  [score reportScoreWithCompletionHandler:^(NSError *error) {
    if (error != nil) {
      // code
    }
  }];
}
score = [[[GKScore alloc] initWithCategory:@"L0102"]
  autorelease];
score.value = newGameTime;
[score reportScoreWithCompletionHandler:^(NSError *error) {
  if (error != nil) {
    // code
  }
}];
score = [[[GKScore alloc] initWithCategory:@"L0103"]
  autorelease];
score.value = newInflationTime;
[score reportScoreWithCompletionHandler:^(NSError *error) {
  if (error != nil) {
    // code
  }
}];
```

zum Hochladen der Spieldaten für `money`, `gameTime` und `inflationTime`. Die Werte für `newMoney`, `newGameTime` und `newInflationTime` stammen aus den vorher aktualisierten Benutzereinstellungen.

Die Zeichenfolgen L0101, L0102 und L0103 sind Schlüssel für die Bestenlisten, die wir später bei iTunes Connect einrichten, damit die Werte in der richtigen Liste im Game Center ankommen.

Die Klasse `GKScore` handhabt den gesamten Prozess zum Hochladen der Daten für das Leaderboard ins Game Center automatisch.

Am Ende der Methode reportAchievement stehen die Anweisungen

```
GKAchievement *achievement = [[[GKAchievement alloc]
  initWithIdentifier:identifier] autorelease];
if (achievement) {
  achievement.percentComplete = 100;
  [achievement reportAchievementWithCompletionHandler:
    ^(NSError *error) {
    if (error != nil) {
      // code
    }
  }];
}
```

zum Hochladen eines Erfolgs. Wenn ein Erfolg vollständig erledigt ist, wird die Prozentzahl auf 100 gesetzt. Als Werte für identifier gibt es bei uns die Zeichenfolgen A0101, A0102 und so weiter bis A0125, die wir später bei iTunes Connect einrichten.

Die Klasse GKAchievement handhabt den gesamten Prozess zum Hochladen der Daten für die Achievements ins Game Center automatisch.

12.2.3 Bestenlisten und Erfolge anzeigen

Zum Anzeigen des Leaderboard und der Achievements im Game Center gibt es die Möglichkeit, die App *Game Center* auf dem iPhone, iPod und iPad zu benutzen oder einen Dialog direkt im Spiel einzublenden.

Im Menü des Spiels *Euro Crisis LT* auf dem iPhone gibt es zwei Schaltflächen, die direkt zum Game Center führen. Das iPad ist größer, sodass es bei diesen Schaltflächen zunächst lokale Übersichten über die Bestenlisten und Erfolge gibt.

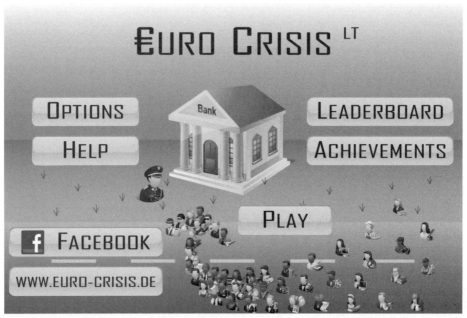

Bild 12.3: Schaltflächen zum Sprung ins Game Center

Um die speziellen Dialoge im Spiel anzuzeigen, importieren wir das GameKit in der Klasse MenuLayer.

```
#import <GameKit/GameKit.h>
```

In der Datei *MenuLayer.h* müssen wir die Klasse einerseits von CCLayer ableiten, damit eine Ebene entsteht, und andererseits noch GKAchievementViewControllerDelegate und GKLeaderboardViewControllerDelegate integrieren.

```
@interface MenuLayer : CCLayer
  <GKAchievementViewControllerDelegate,
  GKLeaderboardViewControllerDelegate> {
```

In der Klasse MenuLayer zeigen wir in der Methode ccTouchBegan den aufgerufenen Dialog für das Leaderboard oder die Achievements an.

```
} else if ((isPhone && 317 <= x && x <= 317 + 154
&& 320 - 99 - 30 <= y && y <= 320 - 99) ||
(!isPhone && 776 <= x && x <= 776 + 206 && 768 - 326 - 40
<= y && y <= 768 - 326)) { // Leaderboard
[self playButtonSound];
if (isPhone) {
```

Der GKLeaderboardViewController wird auf dem iPhone alloziert und angezeigt.

```
GKLeaderboardViewController *leaderboardViewController
  = [[GKLeaderboardViewController alloc] init];
leaderboardViewController.leaderboardDelegate = self;
AppController *app = (AppController*)
  [[UIApplication sharedApplication] delegate];
[[app navController]
  presentModalViewController:leaderboardViewController
  animated:YES];
[leaderboardViewController release];
} else {
```

Bild 12.4: Der Dialog mit den Leaderboards beim iPhone

Auf dem iPad geht es zur LeaderboardScene mit dem lokalen Highscore. Dort gibt es dann eine Schaltfläche, die zum Game Center führt.

```
[[CCDirector sharedDirector] replaceScene:
[CCTransitionPageTurn transitionWithDuration:1
  scene:[LeaderboardScene node]]];
}
} else if ((isPhone && 317 <= x && x <= 317 + 154
&& 320 - 139 - 30 <= y && y <= 320 - 139) ||
(!isPhone && 776 <= x && x <= 776 + 206 && 768 - 396 - 40
```

```
<= y && y <= 768 - 396)) { // Achievements
[self playButtonSound];
if (isPhone) {
```

Der GKAchievementViewController wird auf dem iPhone alloziert und angezeigt.

```
GKAchievementViewController *achievementViewController
   = [[GKAchievementViewController alloc] init];
achievementViewController.achievementDelegate = self;
AppController *app = (AppController*)
   [[UIApplication sharedApplication] delegate];
[[app navController]
   presentModalViewController:achievementViewController
   animated:YES];
[achievementViewController release];
} else {
```

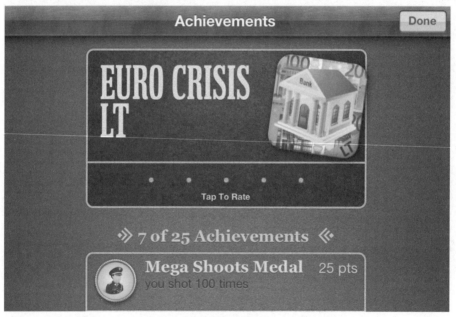

Bild 12.5: Der Dialog mit den Achievements beim iPhone

Auf dem iPad geht es zur AchievementsScene1 mit den lokalen Erfolgen. Dort gibt es dann eine Schaltfläche, die zum Game Center führt.

```
[[CCDirector sharedDirector] replaceScene:
[CCTransitionPageTurn transitionWithDuration:1
   scene:[AchievementsScene1 node]]];
}
}
```

Nun fehlen noch die beiden Methoden, die auf das Schließen der Dialoge reagieren.

```
-(void)achievementViewControllerDidFinish:
  (GKAchievementViewController *)viewController {
   AppController *app = (AppController*) [[UIApplication
     sharedApplication] delegate];
   [[app navController]
    dismissModalViewControllerAnimated:YES];
}

-(void) leaderboardViewControllerDidFinish:
  (GKLeaderboardViewController *)viewController {
   AppController *app = (AppController*) [[UIApplication
     sharedApplication] delegate];
   [[app navController]
    dismissModalViewControllerAnimated:YES];
}
```

12.2.4 Bestenlisten und Erfolge im Game Center einrichten

Bei iTunes Connect gibt es im Verwaltungsbereich jeder App die Schaltfläche *Manage Game Center*. Nach einem Klick darauf erscheint ein Bereich zum Aktivieren des Game Centers.

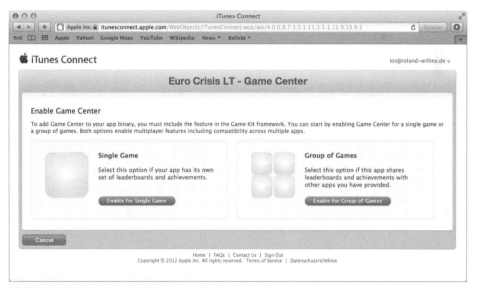

Bild 12.6: Aktivierung des Game Centers

Nach der Frage, ob das Game Center nur für ein Spiel oder dasselbe Game Center sogar für mehrere Spiele verfügbar sein soll, erscheint eine Tabelle mit den eingerichteten Referenzen für Bestenlisten und Erfolge.

Bild 12.7: Tabellen mit Referenzen für Bestenlisten und Erfolge

Nach einem Klick auf *Add Leaderboard* können wir eine Bestenliste einrichten. Sie bekommt einen Bezeichner, zum Beispiel L0101, unter dem später die Daten verschickt werden.

Die Angaben bei einem Leaderboard sind:

• Leaderboard Reference Name: ein Name für die Referenz

• Leaderboard ID: der Bezeichner für das Hochladen von Daten

• Score Format Type: der Typ der Daten, zum Beispiel eine Ganzzahl oder Geld

- Sort Order: Reihenfolge der Stände in der Bestenliste, also von klein nach groß oder von groß nach klein

- Score Range: Zahlenbereich der Daten

Anschließend gibt es lokalisierte Angaben für jede Sprache.

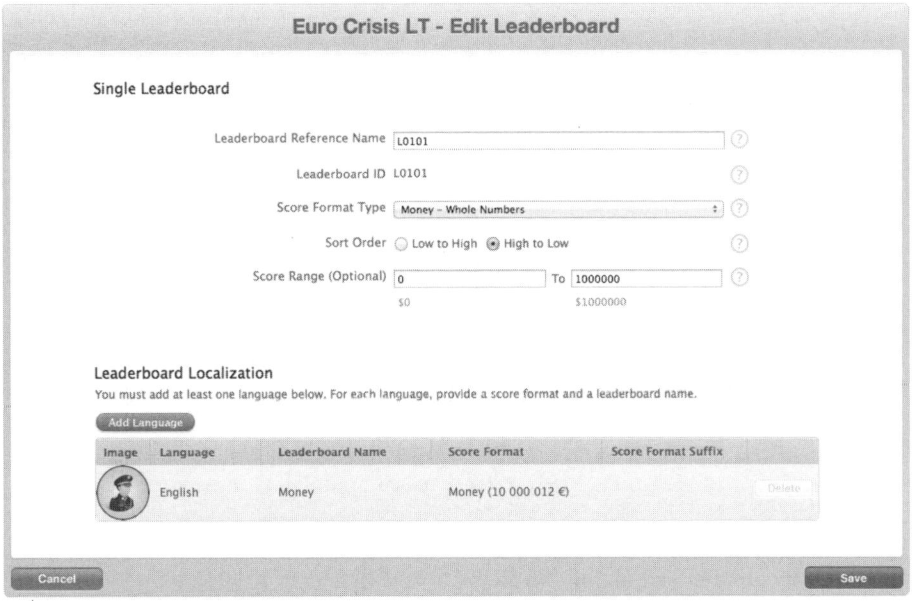

Bild 12.8: Einrichtung einer Bestenliste

Die lokalisierten Angaben bei einem Leaderboard sind:

- Language: eine Sprache

- Name: der Name der Bestenliste

- Score Format: die landesspezifische Anzeige der Daten, zum Beispiel ob ein Punkt oder ein Komma bei Dezimalzahlen verwendet werden soll

- Score Format Suffix: ein Suffix, das hinter den Daten angezeigt wird, zum Beispiel s für Sekunde mit eventuellem Leerzeichen davor

- Image: ein Symbolbild für das Leaderboard

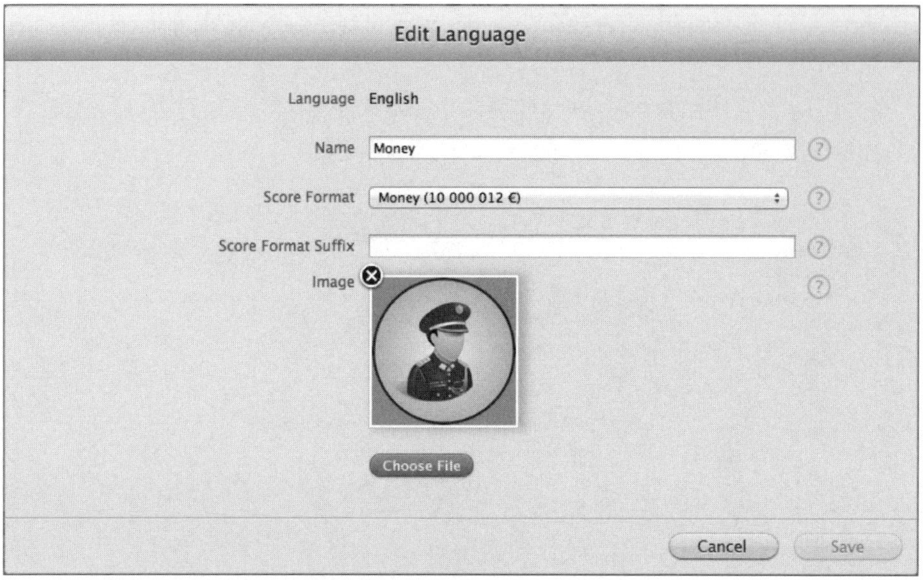

Bild 12.9: Lokalisierte Angaben beim Leaderboard

Nach einem Klick auf *Add Achievement* können wir einen Erfolg einrichten. Er bekommt einen Bezeichner, zum Beispiel A0101, unter dem später die Meldung verschickt wird.

Die Angaben bei einem Achievement sind:

- Achievement Reference Name: ein Name für die Referenz

- Achievement ID: der Bezeichner für die Meldung des Erfolgs

- Point Value: eine bestimmte Anzahl an Punkten, wobei die Summe von 1000 Punkten für alle Achievements nicht überschritten werden darf

- Hidden: ein versteckter Erfolg, der später freigeschaltet wird

- Achievable More Than Once: bei Erfolgen, die öfter erreicht werden können

Anschließend gibt es lokalisierte Angaben für jede Sprache.

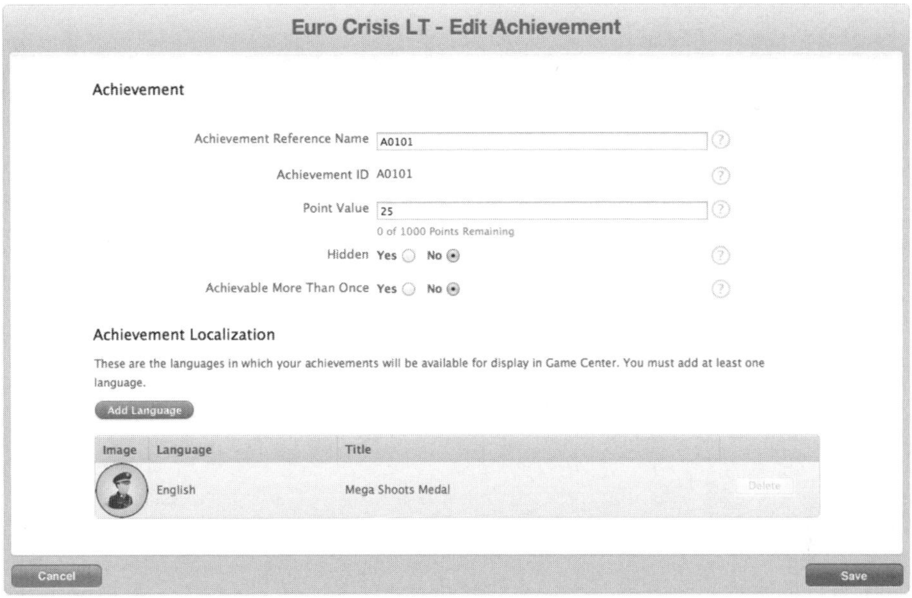

Euro Crisis LT - Edit Achievement

Achievement

Achievement Reference Name | A0101

Achievement ID A0101

Point Value | 25

0 of 1000 Points Remaining

Hidden Yes ○ No ⦿

Achievable More Than Once Yes ○ No ⦿

Achievement Localization

These are the languages in which your achievements will be available for display in Game Center. You must add at least one language.

Add Language

Image	Language	Title	
	English	Mega Shoots Medal	Delete

Cancel | Save

Bild 12.10: Einrichtung eines Erfolgs

Die lokalisierten Angaben bei einem Achievement sind:

- Language: eine Sprache

- Title: der Name des Erfolgs

- Pre-earned Description: eine Beschreibung, die erscheint, bevor der Erfolg erreicht ist

- Earned Description: eine Beschreibung, die erscheint, nachdem der Erfolg erreicht ist

- Image: ein Symbolbild für den Erfolg, das erscheint, sobald der Erfolg erreicht ist

Wenn das Spiel später zur Prüfung durch das Testteam hochgeladen ist, darf nicht vergessen werden, das Game Center bei der Detailseite zu aktivieren sowie die Leaderboards und Achievements freizugeben.

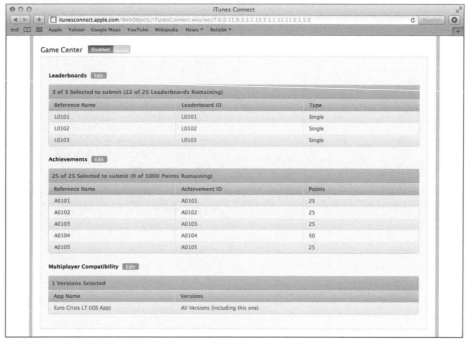

Bild 12.11: Lokalisierte Angaben beim Achievement

Bild 12.12: Freigabe der Leaderboards und Achievements

12.3 Anzeigen für Spielerdaten einbauen

Die Klasse `LeaderboardLayer` zeigt die drei Bestenlisten mit der Methode `showLeaderboard` an.

```
-(void)showLeaderboard {
```

Zuerst erscheinen am linken Rand die Platznummern von 1 bis 10.

```
for (int i = 0; i <= 9; i++) {
    NSString *string = [[NSString stringWithFormat:@"%d",
        i + 1] stringByAppendingString:@"."];
    CCLabelBMFont *label = [CCLabelBMFont
        labelWithString:string fntFile:@"Agency_01.fnt"];
    label.position = ccp(40, 480 - i * 35);
    label.zOrder = 3;
    [self addChild:label];
}
```

Nun kommen die gespeicherten Spitznamen aus der Benutzereinstellung L0101_1.

```
for (int i = 0; i <= 9; i++) {
    NSString *string = [[[NSUserDefaults standardUserDefaults]
        objectForKey:@"L0101_1"] objectAtIndex:i];
    CCLabelBMFont *label = [CCLabelBMFont
        labelWithString:string fntFile:@"Agency_01.fnt"];
    label.position = ccp(144, 480 - i * 35);
    label.zOrder = 3;
    [self addChild:label];
}
```

Anschließend erscheinen die gespeicherten Werte für money aus der Benutzereinstellung L0101_2.

```
for (int i = 0; i <= 9; i++) {
    NSString *string = [NSString stringWithFormat:@"%d",
        [[[[NSUserDefaults standardUserDefaults]
        objectForKey:@"L0101_2"] objectAtIndex:i]
        integerValue]];
    CCLabelBMFont *label = [CCLabelBMFont
        labelWithString:string fntFile:@"Agency_01.fnt"];
        label.position = ccp(274, 480 - i * 35);
        label.zOrder = 3;
        [self addChild:label];
}
```

Das gleiche Verfahren gibt es für die zwei weiteren Bestenlisten.

```
for (int i = 0; i <= 9; i++) {
  NSString *string = [[[NSUserDefaults standardUserDefaults]
    objectForKey:@"L0102_1"] objectAtIndex:i];
  CCLabelBMFont *label = [CCLabelBMFont
    labelWithString:string fntFile:@"Agency_01.fnt"];
  label.position = ccp(457, 480 - i * 35);
  label.zOrder = 3;
  [self addChild:label];
}
for (int i = 0; i <= 9; i++) {
  int gameTime = [[[[NSUserDefaults standardUserDefaults]
    objectForKey:@"L0102_2"] objectAtIndex:i] integerValue];
  NSString *string;
  if (gameTime <= 9) {
    string = [@"0." stringByAppendingString:[NSString
      stringWithFormat:@"%d", gameTime % 10]];
  } else {
    string = [[NSString stringWithFormat:@"%d", gameTime
      / 10] stringByAppendingString:[@"."
    stringByAppendingString: [NSString
      stringWithFormat:@"%d", gameTime % 10]]];
  }
  CCLabelBMFont *label = [CCLabelBMFont
    labelWithString:string fntFile:@"Agency_01.fnt"];
  label.position = ccp(587, 480 - i * 35);
  label.zOrder = 3;
  [self addChild:label];
}
for (int i = 0; i <= 9; i++) {
  NSString *string = [[[NSUserDefaults standardUserDefaults]
    objectForKey:@"L0103_1"] objectAtIndex:i];
  CCLabelBMFont *label = [CCLabelBMFont
    labelWithString:string fntFile:@"Agency_01.fnt"];
  label.position = ccp(769, 480 - i * 35);
  label.zOrder = 3;
  [self addChild:label];
}
for (int i = 0; i <= 9; i++) {
  int moneyTime = [[[[NSUserDefaults standardUserDefaults]
    objectForKey:@"L0103_2"] objectAtIndex:i] integerValue];
  NSString *string;
  if (moneyTime <= 9) {
    string = [@"0." stringByAppendingString:[NSString
      stringWithFormat:@"%d", moneyTime % 10]];
```

```
  } else {
    string = [[NSString stringWithFormat:@"%d", moneyTime
      / 10] stringByAppendingString:[@"."
      stringByAppendingString: [NSString
      stringWithFormat:@"%d", moneyTime % 10]]];
  }
  CCLabelBMFont *label = [CCLabelBMFont
    labelWithString:string fntFile:@"Agency_01.fnt"];
  label.position = ccp(899, 480 - i * 35);
  label.zOrder = 3;
  [self addChild:label];
  }
}
```

Die Klasse AchievementLayer zeigt neben jedem Erfolg eine graue Medaille an, wenn der Erfolg noch nicht erreicht ist, und eine farbige Medaille, wenn der Erfolg erreicht ist.

Bild 12.13: Verschiedene Medaillen neben den Achievements

Die Anweisungen

```
CCSprite *commander;
if ([[NSUserDefaults standardUserDefaults]
```

```
boolForKey:@"A0109"]) {
  commander = [CCSprite spriteWithFile:@"Commander_02.png"];
} else {
  commander = [CCSprite spriteWithFile:@"Commander_01.png"];
}
commander.anchorPoint = ccp(0, 0);
commander.position = ccp(97, 768 - 144 - 52);
commander.zOrder = 3;
[self addChild:commander];
```

erledigen dies für den Erfolg A0109. Ob ein Erfolg erreicht ist oder nicht, ist in den Benutzereinstellungen gespeichert.

Für die anderen Erfolge läuft dies bis auf eine andere Positionierung genauso ab.

Die entsprechenden Anweisungen der Methode showLeaderboard für Cocos2D-X sind:

```
for (int i = 0; i <= 9; i++) {
  std::string string(floatToStr__(i+1));
  string.append(".");
  CCLabelBMFont* label =
    CCLabelBMFont::create(string.c_str(), "Agency_01.fnt");
  label->setPosition(ccp(20, 486 - i * 35));
  addChild(label, 3);
}
for (int i = 0; i <= 9; i++) {
  std::string prefix("ms_");
  prefix.append(floatToStr__(i + 1));
  CCLabelBMFont* label =
    CCLabelBMFont::create(prefix.c_str(), Agency_01.fnt");
  label->setPosition(ccp(244, 486 - i * 35));
  addChild(label, 3);
}
for (int i = 0; i <= 9; i++) {
  std::string prefix("mn_");
  prefix.append(floatToStr__(i + 1));
  CCLabelBMFont* label =
    CCLabelBMFont::create(prefix.c_str(), "Agency_01.fnt");
  label->setPosition(ccp(400, 486 - i * 35));
  addChild(label, 3);
}
for (int i = 0; i <= 9; i++) {
  std::string prefix("gs_");
  prefix.append(floatToStr__(i + 1));
  CCLabelBMFont* label =
```

```
    CCLabelBMFont::create(prefix.c_str(), "Agency_01.fnt");
  label->setPosition(ccp(550, 486 - i * 35));
  addChild(label, 3);
}
for (int i = 0; i <= 9; i++) {
  std::string prefix("gn_");
  prefix.append(floatToStr__(i+1));
  std::string string;
  int gameTime = CCUserDefault::sharedUserDefault()
    ->getIntegerForKey(prefix.c_str());
  if (gameTime <= 9) {
    string = "0.";
    string.append(floatToStr__(gameTime % 10));
  } else {
    string = floatToStr__(gameTime / 10);
    string.append(floatToStr__(gameTime % 10));
  }
  CCLabelBMFont *label =
    CCLabelBMFont::create(string.c_str(), "Agency_01.fnt");
  label->setPosition(ccp(730, 486 - i * 35));
  addChild(label, 3);
}
for (int i = 0; i <= 9; i++) {
  std::string prefix("is_");
  prefix.append(floatToStr__(i + 1));
  CCLabelBMFont *label =
    CCLabelBMFont::create(prefix.c_str(), "Agency_01.fnt");
  label->setPosition(ccp(830, 486 - i * 35));
  addChild(label, 3);
}
for (int i = 0; i <= 9; i++) {
  std::string prefix("in_");
  prefix.append(floatToStr__(i + 1));
  std::string string;
  int moneyTime = CCUserDefault::sharedUserDefault()
    ->getIntegerForKey(prefix.c_str());
  if (moneyTime <= 9) {
    string = "0.";
    string.append(floatToStr__(moneyTime % 10));
  } else {
    string = floatToStr__(moneyTime / 10);
    string.append(floatToStr__(moneyTime % 10));
  }
```

```
  CCLabelBMFont *label =
    CCLabelBMFont::create(string.c_str(), "Agency_01.fnt");
  label->setPosition(ccp(1040, 486 - i * 35));
  addChild(label, 3);
}
```

Die Anweisungen zum Anzeigen eines Erfolgs für Cocos2D-X sind:

```
CCSprite *commander;
if (CCUserDefault::sharedUserDefault()
  ->getBoolForKey("A0109")) {
  commander = CCSprite::create("Commander_02-s3.png");
} else {
  commander = CCSprite::create("Commander_01-s3.png");
}
commander->setAnchorPoint(ccp(0, 0));
commander->setPosition(ccp(150, 768 - 144 - 52);
addChild(commander, 3);
```

Stichwortverzeichnis